赵梅清 —— 编著

# 三国人物传奇

© 团结出版社，2024 年

图书在版编目（ＣＩＰ）数据

　　三国传奇人物 / 赵梅清编著 . -- 北京：团结出版社，2024.10
　　ISBN 978-7-5234-0389-1

　　Ⅰ．①三… Ⅱ．①赵… Ⅲ．①历史人物 – 列传 – 中国 – 三国时代 Ⅳ．① K820.36

　　中国国家版本馆 CIP 数据核字 (2023) 第 167036 号

责任编辑：周　颐
封面设计：紫英轩文化

出　版：团结出版社
　　　　（北京市东城区东皇城根南街 84 号 邮编：100006）
电　话：（010）65228880　65244790
网　址：http://www.tjpress.com
E-mail：zb65244790@vip.163.com
经　销：全国新华书店
印　装：天津泰宇印务有限公司

开　本：170mm×240mm　16 开
印　张：12　　　　　　　　　字　数：200 千字
版　次：2024 年 10 月　第 1 版　　印　次：2024 年 10 月　第 1 次印刷

书　号：978-7-5234-0389-1
定　价：39.80 元
　　　　（版权所属，盗版必究）

汉献帝之后，东汉王朝已经名存实亡，各地诸侯纷纷揭竿而起，只为那帝王之位。汉朝灭亡形成魏、蜀、吴三国鼎立的局面，它是一段跨越百年的历史传奇，它是属于英雄的战场，营帐之中比计谋，战场上较英勇，主公马下惜英雄，谋士鞠躬拜明主。在这段英雄辈出的历史长河中，谱写了一曲曲雄壮的悲歌，描绘了一幅幅血染的画卷。

三国争战，一波未平一波又起。曹操一代枭雄，只为夺取天下；刘备戎马一生，鼎足三分；孙权继父兄之业，称帝江南。赤壁之上论英雄，诸葛周瑜争智谋；尚香女中豪杰，巾帼不让须眉。三国群雄争霸，谋士出谋划策，将才冲锋陷阵，文人墨客吟诗作赋，奇人异士各显其能。

你有阴谋诡计，我有对策相抵；你广招能人，我遍寻异士；你有雄才伟略，我比你技高一筹。谈笑间暗箭飞舞，抬手间计策多端。这就是三国，一段惊心动魄的历史，一段需要人们静下心来去品读的故事。但是这段两千年的历史，到头来，青山依旧在，几度夕阳红，留下的只有那些在时光流片中的缩影，留下的只是是非成败转头空，任后人凭说。

本书精选了最具有代表性的传奇人物，让读者穿越时空隧道回到那个战火纷飞的三国时代，将这一幕幕热血传奇，一幕幕悲情壮歌，喜心中的英雄，怒奸臣的诡计，哀红颜的消逝，悲英雄的陨落，生动形象地展现在读者的面前。

## 乱世枭雄——权力巅峰的角逐

张角：太平道的创始人 / 001

袁绍：关东义军盟主 / 004

曹操：挟天子以令诸侯 / 008

曹丕：尽忠职守的英明君主 / 011

刘备：从小贩到皇帝 / 013

孙策：短命的"小霸王" / 017

孙权：生子当如孙仲谋 / 021

## 奇异女子——舞动政治半边天

蔡文姬：文艺女青年的乱世悲歌 / 024

貂蝉：连环计的灵魂人物 / 027

孙尚香：巾帼不让须眉 / 031

小乔：撼动周郎之心的美娇娘 / 036

甄洛：勇嫁二夫的"女博士" / 037

祝融：武艺超群的刺美人 / 040

徐夫人：智勇节烈的美女"棋手" / 044

卞夫人：三国第一尊夫人 / 048

张春华：司马懿的绝配搭档 / 052

## 辅国谋臣——奇谋异策安天下

许攸：官渡之战的关键人物 / 057

荀彧：曹操帐下的首席谋臣 / 061

贾诩：奇谋百出的"毒士" / 064

徐庶：卧龙的举荐人 / 068

郭嘉：曹阿瞒的"奇佐" / 071

杨修：聪明反被聪明误 / 074

诸葛亮：神机妙算的贤蜀相 / 077

庞统：与卧龙齐名的凤雏先生 / 080

法正：刘备的第一谋士 / 083

张昭：助幼主立威的谋士 / 087

鲁肃：孙刘联盟的捍卫者 / 090

## 神勇武将——马上英雄显神威

吕布：狼子野心痴情汉 / 095

夏侯惇：忠心耿耿的无用将军 / 099

夏侯渊：有勇无谋白地将军 / 103

张辽：勇字当先的猛将军 / 106

许褚：忠心耿耿的"虎痴" / 110

徐晃：治军严谨的优秀战将 / 113

关羽：忠义千秋的关云长 / 117

张飞：粗中有细的"黑脸汉" / 120

赵云：单骑救主的虎威将军 / 123

马超：世人眼中的神威天将军 / 126

黄忠：半路归顺的讨虏将军 / 129

姜维：诸葛亮唯一的学生 / 132

周瑜：谈笑间樯橹灰飞烟灭 / 135

太史慈：江东第一虎将 / 139

黄盖：苦肉计的主角 / 143

甘宁：智勇双全的折冲将军 / 145

吕蒙：审时度势的江东虎臣 / 149

陆逊：大败刘备的东吴智将 / 153

## 文人墨客——乱世才子耀千秋

曹植：七步成诗的"仙才" / 156

吴质：建安文风的"风骨" / 160

嵇康：竹林七贤的精神领袖 / 162

山涛：身心已逐竹林游 / 165

## 奇人异士——医卜星相出奇人

左慈：精通奇门遁甲的"雅帝" / 170

管辂：卜卦观相的祖师 / 173

华佗：擅长手术的"外科鼻祖" / 176

张仲景：博览全书的医圣 / 179

董奉：誉满杏林的医者 / 182

# 乱世枭雄——权力巅峰的角逐

## 张角：太平道的创始人

> 人物名片

张角（？—184），冀州巨鹿（今河北平乡西南）人。东汉末年曾领导农民起义军"黄巾军"推翻汉朝的统治，是太平道的创始人。在机缘巧合之下得到道士于吉等人所传的《太平清领书》，潜心研究之后，张角把宗教救世看做是自己的责任，利用其中的某些宗教观念和社会政治思想，创办教义，组织群众，从灵帝建宁初开始传讲道义。中平元年，张角以"苍天已死，黄天当立，岁在甲子，天下大吉"为起义口号，自称"天公将军"，率领群众发动了黄巾起义。不久，张角一病不起，他死后起义军很快被汉朝镇压。

> 人物风云

张角是以一个善道教化的大贤良师的形象出现在历史舞台上的。在东汉灵帝建宁年间，张角便开始了他的布道传教活动。他在传统医术的基础上，通过符咒等形式为人治病，大肆宣扬《太平经》，借着机会广收徒众，发展力量，逐渐扩大自己的势力。

经过十多年的努力，张角一手创立的太平道遍布青、徐、幽、荆等八个州，并且能够连接郡国，他的道徒甚至达到了几十万。不过，张角传道的方式，在史书中曾经有过很多的记载。他主要是通过符水咒说为人治病，同时广招弟子，派遣亲传弟子八人奔赴四方，以道教善化天下，扩大自己的影响范围。此外，张角在道徒所宣传的教义基础上，不仅融合了《太平经》的思想，还结合了黄老思想。

张角传道的主要法术，就是叩头思过，这也来源于《太平经》。在张角看来，人们之所以会犯错误就是因为违反了上天制定的规则，所以说想要治好自己的病，就必须得跪拜思过。上天能够看得见人们在世间的任何行为，能够听得懂人间的各种语言，我们向天地跪拜，就是在请求天神能够彻底的宽恕自己，以便能够解除自己的罪过与现在承受的痛苦。

到了东汉末年，社会危机日益加重，广大农民阶级和封建制度之间的矛盾不断激化。当时张角门下的徒众已经达数十万人，遍布全国各地。张角看到时机已经成熟，就准备发动一场推翻东汉王朝的农民起义。

公元184年，张角秘密传令各地教徒在三月五日这天同时起义，他们以"苍天已死，黄天当立，岁在甲子，天下大吉"为口号，兴兵反汉。但是却在预定起事的前一月，内部出了叛徒，由于叛徒的出卖，张角不得不派人告诉各方起义军提前起义。各地纷纷响应，起义大军犹如燎原之火迅速燃遍了全国。起义军杀害官吏，烧毁他们的官府、四处抢夺，短短一个月内，东汉上下七州二十八个郡都先后发生了战事，黄巾军势如破竹，勇猛异常，各州郡纷纷失守，吏士大批地逃亡，声势震动了京都。

汉灵帝见这次农民起义这么厉害，急忙派军镇压起义，在三月戊申日任命何进为大将军，率领左右羽林五个营的士兵，驻扎在都亭，镇守京师。

同年四月，朱儁军被黄巾将领波才打败，不得不撤退，皇甫嵩只好和他一起进入长社防守驻扎，奈何又被波才率大军团团围住，汉军刚经过败仗，士兵数量有了一定的下降，而且士气相当的低落。与此同时，汝南的黄巾起义大军在邵陵打败了汝南太守赵谦，广阳黄巾起义军杀死了幽州刺史郭勋和太守刘卫，黄巾军的势力越来越大，并没有因为汉室的镇压而呈现出一点点败退的迹象。

公元184年5月，汉灵帝见皇甫嵩被围困，就派曹操率军前去救援。而这个时候，被围困的皇甫嵩发现傍晚时分都会刮起大风，他急中生智，命令士兵手持火把、暗箭在傍晚夜幕大风的掩护下出城，将堆砌在黄巾军营寨周围的杂草点燃，皇甫嵩振臂一呼，所有士兵立即进入了战斗状态，城上也点燃了大量的火把与之相应，皇甫嵩命人击鼓助战，冲入敌阵，黄巾军毫无准备，四处奔走逃命。又正巧遇上曹操率领的援军，黄巾军被皇甫嵩、朱儁和曹操三面夹击，无法突围，被斩杀数万人，汉军获得了这次战争的胜利。

起义失利的情况下，张角只好撤到广宗做进一步地修整，卢植为了加强防御，防止起义军攻占，就派人建筑拦挡、挖掘壕沟、制造云梯。当时正好碰上灵帝派左丰前来视察军情，有人就劝卢植去贿赂左丰，和左丰搞好关系。但卢植为人耿直，坚决不肯向左丰进行贿赂，左丰对卢植大为不满，心怀愤恨。左丰回京后便向灵帝诬告卢植备战松散，作战不力。灵帝听了大怒，就派人用囚车将卢植押回了京师。面对广宗缺守的情况，汉灵帝唯有下诏再一次重新调整战略布局，命令皇甫嵩率兵北上东郡，朱儁则倾全力攻打驻扎在南阳的赵弘，而董卓则是代替了卢植的官位。

各地纷纷起义的乱事虽然被暂时平息，但是汉室的威信上也遇到了一次严重的打击，汉灵帝没有吸取教训改革政事，反而继续贪图享乐，不理朝政。于是，大乱虽被压下去，但是各地的小叛乱还在上演，并产生了许多分散的势力。公元188年，黄巾军经过修整，逐渐恢复了实力，他们再次发动了起义，黄巾各部纷纷起事响应。

为了彻底地镇压叛乱，公元188年3月，汉灵帝接受了刘焉的建议，将刺史改为州牧，派宗室和大臣前往管理，让他们拥有各自的地方军政权，以便加强各个州牧之间地方的政权实力，更容易地控制地方，有效地清剿黄巾余孽。然而正是因为汉灵帝的这次下放权力，助长各个地方军拥兵自重，群雄之间互相攻击，形成了逐鹿中原的局势，甚至东汉皇帝在军阀眼中已经没有了任何的威慑力，无视他的存在，所以黄巾起义不仅是促使东汉走向灭亡的导火线，乱事仍造就了大赦党人，令许多文人、官吏得以重新受任，他们的才能得以发挥。

张角领导的黄巾起义，一直持续了二十多年。但是由于农民本身的阶级弱点和各种势力的联合镇压，起义被逐渐压制。但通过这场农民起义的严厉打击，腐朽的东汉王朝已名存实亡。黄巾起义直接导致了东汉末年军阀割据、混战、群雄争霸的局面，拉开了三足鼎立的序幕。同时，它也是我国历史上第一次利用宗教领导的农民起义，具有深远的历史意义。不仅如此，它也为道教今后在社会下层传播和发展奠定了一定的历史基础。

# 袁绍：关东义军盟主

## 人物名片

袁绍（？—202），字本初，汝南部汝阳县（今河南省周口市）人。出身名门望族，自曾祖父起四代人里有五个人都是位居三公，到他这里也是位居三公之上。所以他的家族又有"四世三公"的称号。

## 人物风云

袁绍出生于东汉后期的一个官宦世家，当时他的家里可以称得上势倾天下。袁绍长得英俊威武，甚得袁逢和袁隗的喜爱，又凭借自己的资质，在年少时就做到郎的官职，还不到二十岁就已经当上了濮阳县县长。但是过了不久，他的双亲去世，袁绍在家服丧六年。在这之后，袁绍就不再想做官，拒绝了朝廷的征召，在洛阳过起了隐居的生活。

这正是东汉统治日益动荡的时候，宦官专政愈演愈烈。袁绍虽然表面上过着隐居的生活，他暗中结交志同道合的朋友和侠义之士，如张邈、何颙、许攸等人。他们三个人经常一起聚到洛阳与袁绍商量、帮助世人避难的对策。而袁绍的密友还不止有这几个人，就连一代奸雄曹操也是其中的一个，因为他们都对宦官专政的政治局面不满，所以暗地里结成了一个以反对宦官专政为目的的政治集团。但是他们的这一系列的活动最终引起了宦官集团的注意。

中平元年也就是公元184年东汉朝廷为了镇压黄巾军的起义，被迫取消了对党人的禁锢。袁绍这才答应当时大将军何进的应召。何进是比较显贵的外戚，他统领国家的御林军，并且也对当时的宦官专政表现出了强烈的不满。袁绍和何进因为共同的志向聚集在一起，彼此赏识，两人关系非同一般。

袁绍做官之后，就开始对朝中的专权宦官大肆屠戮，而这个时候，董卓在北邙阪下遇到了小皇帝刘协和陈留王，他率领军队带着二人抵达了洛阳的西郊。回到朝中，董卓自恃手里有小皇帝这张王牌，在朝中肆意妄为，甚至废除了原来的皇帝，拥立刘协为献帝，并且自封为相国，在朝廷中兴风作浪，无恶不作。

董卓的种种暴行，引起了当时的官僚士大夫和民众的愤恨，一时间各地都掀起了讨伐董卓的热潮。而对董卓的讨伐中，则需要一个大家信得过的人来领导，这时候袁绍就成了大家首先推举的人物，这不仅因为他有着显赫的家世地位，还因为他在诛灭宦官时所立下的赫赫功劳，再加上袁绍平时从不与董卓同流合污。

初平元年正月，也就是公元190年，袁绍集结了各路诸侯，带着大家的期望起兵，但是结果却是以失败而告终。作为讨伐董卓的盟主，他根本指挥不了如此庞大的军队，甚至他从来不会率先杀敌，有时候还大肆欺压那些弱小的盟军。而且各州郡的长官都有自己的小算盘，每当临战的时候就拖延时间，妄图保存自己的实力，最终这场讨伐董卓的战役只能不了了之。

从初平三年至兴平二年，也就是公元192到195年，中原的局势发生很大的变化。在长安，董卓被司徒王允和吕布等人密谋杀死，天下百姓对这个消息都拍手称赞。但是因为他们对董卓的部下处理不当，致使李傕、郭汜等董卓旧属举兵叛乱。结果王允等人被杀，吕布向东逃跑了。后来李傕、郭汜二人之间产生了矛盾互相屠杀，曹操也异军突起，接任了兖州刺史一职，并大败黄巾军，又打败了袁术，最后平定了内部的叛乱，巩固了自己在兖州的势力。这时候的袁绍也集合自己带领的十万兵力与鲜于辅合作攻打公孙瓒。

兴平二年，也就是公元195年的十月份，杨奉等人护卫汉献帝逃到曹阳，这时候的曹操就做好了一切准备并且粉墨登场。

曹操把握好最佳时机，他力排众议，在第二年的八月份，他亲自赶到洛阳拜见汉献帝。他找各种理由力劝汉献帝能够转移到许昌，并且让他在许昌建立了新的都城，事实上是他把献帝控制住了，开始实施他"挟天子以令诸侯"的阴谋。

曹操借住天子的名义开始迅速发展，领土不断扩张。起初，袁绍举荐曹操担任东郡太守一职，是想让曹操成为自己的附庸。但是现在，曹操控制汉献帝并且建都许昌，使曹操的势力范围成了政治中心，而曹操本人也自然变成了皇帝的代言人，他随心所欲，并且随意对四方诸侯发号施令。

建安四年初，也就是公元199年，袁绍和曹操之间的决战终于爆发了。当时袁绍自己称帝的梦想破灭以后，他便决定带领自己的十万精锐步兵和一万骑兵攻打许都，希望从曹操手里抢夺回汉献帝。他对自己信任的将领分别任命，为南下攻打曹操做着充分准备。

但在当时，袁绍的一些部下对他的决策都不赞同，他们认为经过连年的征战，战士和百姓都无力再战，当前最重要的任务应该是休养生息。但也有一部分人主张迅速出兵，快刀斩乱麻。袁绍认为自己地广粮足，兵强人多，所以根本听不进沮授所说的那些忠告。正好郭图等人又经常在背后向袁绍进谗言说他们拥兵自重，势力逐渐加强无法控制。袁绍听信了这些谗言，把沮授的军队分成三部分，其中两部分交给了郭图和淳于琼。

九月，曹操做好了一切抗击袁军的准备。此时的袁绍企图拉拢张绣和刘表一起夹击曹操。但是不久，张绣就带领自己的军队率先投降了曹操。建安五年元月，刘备背叛了曹操，并且开始响应袁绍。曹操为了镇压内部的叛乱，领兵开始攻打刘备。此时，袁绍的谋士田丰认准了这次机会，规劝袁绍从后方袭击曹操。但袁绍却声称孩子有病而错失良机，田丰为此很生气，袁绍也从此疏远了他。等到曹操已经击败了刘备，袁绍才仓促决定出兵，但是田丰认为这已经不是最佳的时机，就又劝阻袁绍少安毋躁，拥兵自持，但是袁绍不仅不听他的劝告，再加上之前心中对他的怨气，给田丰安了一个扰乱军心的罪名，把他拘押了起来。

二月，袁绍发布了讨伐曹操的檄文，并且开始对曹操大举进攻，袁绍并没有周密的战争部署和规划，而且在战争中，袁绍依仗自己人多势众，不听从大臣们的忠义良言，骄傲自满。

四月，曹操在解除了北面的白马之围以后，就带着自己的民众和军队撤向了官渡。这时候因为屡次进谏而被嫌弃的沮授规劝袁绍应该周密计划以后再去围攻。但是袁绍不听劝阻，一意孤行。沮授推托自己身体有病，不愿冒这么大的险，但是却引起袁绍的不满，强迫他随军渡河，并且把他带领的军队也分割了。袁绍渡河后，在延津南面驻屯。他派刘备和文丑去向曹军挑战，却被曹军打败，最终文丑被斩。再次和曹军征战，又是袁绍的军队损兵折将。

九月，两军再次进行会战，这次曹军大败，躲进自己修筑的营垒中坚决不出来。袁绍就开始修筑各种壁楼，向上堆起土山，从高处向曹操的军营中发箭。一时间曹军大营箭如雨下，所有的人都蒙着盾牌走路。但是不久，壁楼、土山被曹军炸毁了。袁绍和曹操又开始想新的办法交战，两军就这样在渡河相持了一百多天，战争使河南的老百姓都痛苦不堪，很多人都选择了背叛曹军。然而，就是这么有利的局势，因为袁绍的缘故，使有利变成了不利。

当时，袁绍派淳于琼带领万余人北迎运粮车，沮授特意提醒袁绍应该加派军队暗中防止曹军的突袭；而且袁绍身边著名的谋士许攸则提出应该趁此机会去攻打许都。但是刚愎自用的袁绍没有采纳任何人的建议，无动于衷。而且袁绍不但没有采纳许攸的建议，还因为许攸和曹操是旧识，而对他产生了怀疑，命人将他家族里的人抓进了监狱，许攸很是生气和不满，于是叛变了袁绍，投奔曹操。后来曹操在许攸的帮助下，亲自领兵攻打乌巢，去袭击营运粮草的淳于琼。当时袁绍的部将张郃主张派兵营救淳于琼，但是郭图却主张攻打曹军大营。没想到最终高览和张郃没有攻下曹营，乌巢失败消息就传来了，最终致使袁军无心恋战，带领着军队向曹军投降了。

官渡一战，致使袁绍溃不成军，最终连挽回的余地都没有了。其实，袁绍和曹操一开始实力相差悬殊，并且袁绍也占据了具有优势的地带。而且客观地说，袁绍的军队中存在的那些谋臣远多于曹军，可是最终却失败了。出现这样的情况全部是由于袁绍自己的骄傲自满和他的刚愎自用造成的。

## 曹操：挟天子以令诸侯

### 人物名片

曹操（155—220），字孟德，沛国谯县（今安徽省亳州市）人。东汉末年著名政治家、军事家、文学家和书法家。曹操一生都在以汉朝丞相的名义不断地征讨四方，为统一中原作出了重大贡献，同时他还在北方广泛屯田，兴修水利，奖励农耕，使生产得到恢复和发展。曹操精于兵法，著有《兵书接要》《孟德新书》《孙子略解》等书流于后世。曹操也擅长诗词歌赋，抒发自己的政治抱负，气魄雄伟，慷慨悲凉。

### 人物风云

曹操出生在官宦世家，家族一共侍奉过四代皇帝，在社会上有一定的名望。曹操祖父曹腾在汉桓帝时曾被封为费亭侯。曹操的父亲曹嵩是曹腾的养子，汉灵帝时一直做到了太尉的官职。

曹操年轻的时候机智警敏有随机权衡应变的能力，任性好侠、放荡不羁，不注重学业不修品行，所以当时的人们也只是将他当作一个莽夫而已。只有梁国的桥玄等人认为他不平凡，桥玄曾经就对曹操说过："天下局势不好，非命世之才不能济也，能安之者，其在君乎！"南阳何颙也对他说："汉室将要灭亡，能够平定天下的人，一定是曹操了！"

灵帝熹平三年，二十岁的曹操被举为孝廉，去洛阳做了侍郎。不久，就被任命为洛阳北部尉。洛阳是东汉的都城，是皇亲国戚聚集的地方，很难治理。曹操一上任，就严肃重新申明禁令、严肃法纪，建造了十多根五色大棒，悬在衙门的左右两边，"只要有人犯了法令，一律将他棒杀"。当时皇帝宠幸的宦官蹇硕的叔父蹇图有一次违禁夜行，曹操得知后毫不留情地将蹇图用五色棒处死。于是，"京都上下都收敛起来，生怕违反了律法而被棒杀"。但是，曹操也得罪了许多当朝权贵，碍于他的父亲曹嵩的关系，曹操被明升暗降，调到了远离洛阳的顿丘，任顿丘令。公元184年，曹操在汉末镇压黄巾起义的战事中显露头角，被封为了西园八校尉之一，并随同天下诸侯参与了讨伐董卓的战争。董卓死后，曹操暗地里发展自己的实力，纵横乱世，南征北战，逐渐扩大了自己的势力范围并提升了自己的声望。

公元196年，曹操拥护汉献帝继位，并恢复了丞相制度，自任汉朝丞相。在基本平定北方之后，曹操挥兵南下。

建安十三年七月，曹操向刘表发动了军事攻击。同年八月，刘表病死。九月，曹操大举进攻新野，刘琮携荆州众人投降了曹操。

这时，官渡之战后本来打算投奔刘表的刘备，听说刘琮投降，便率军转向存有大量军用物资的江陵撤退。曹操听说后，生怕江陵落入刘备之手，于是就亲自率领五千骑兵从襄阳疾驰三百里，在当阳长坂追上了刘备，打败他们后占领了江陵。

由于曹操的这次进军直接威胁到了江东孙权的统治，于是孙权命周瑜率三万大军联合刘备的两万人马抵抗曹操。曹操从江陵一直向东进军，到赤壁的时候，与孙、刘联军进行了交锋，接战不利，退兵驻扎在乌林，两军隔江对峙。

周瑜采用了诈降的计谋，命他的麾下大将黄盖率领十多艘小船，上面装满了柴草，并用膏油浇灌，还命人在船头钉上了许多大钉，向曹操假称投降，接着黄盖率船向北岸行进，在距离曹操大营还有二里的地方时，各船一齐点火，柴草火光冲天，然后借助风势，迅速地朝曹军冲去，曹操猝不及防，大批的船只被烧，曹军大败。无奈，曹操只好率残军从华容道撤回江陵。

赤壁之战中曹操失败以后，为了稳定军心，曹操采取了一些措施。

建安十五年春，曹操颁布了《求贤令》，并进一步提出要采用不拘品行、唯才是举的用人方针，尽量把真正有才华的人搜罗在自己的身边。

建安十六年，曹操开始率兵进攻关中。三月，曹操派遣大将钟繇携大将夏侯渊，以讨伐汉中的张鲁为借口大举进兵关中。镇守关中的杨秋、韩遂、马超等将领看见曹军来势汹汹，一时慌乱。曹操听说后，立即派大将曹仁趁机进攻关中，马超等人退守潼关。

七月，曹操亲自率领大军进攻关中。九月，曹军大破关中诸军，马超、韩遂逃至凉州，杨秋逃至安定。十月，曹操乘胜追击，举兵进军安定，杨秋投降，至此，关中地区被曹操基本平定。

公元211年7月，曹操领军西征，大胜了以马超为首的各路关中大军，构筑了整个魏国基础。

公元213年，汉献帝册封曹操为魏公，曹操获得了"参拜不名、剑履上殿"的至高权力。

公元215年，曹操攻占阳平关，张鲁被降服，归于曹军。

公元216年，汉献帝册封曹操为魏王。

公元220年3月15日，六十六岁的曹操在洛阳逝世，谥号"武王"，死后埋葬在了高陵。曹丕继位后不久称帝，追谥曹操为"武皇帝"，庙号"太祖"，史称魏武帝。

曹操不仅在军事上有所作为，而且在文学、书法、音乐等方面都有很深的造诣。他的诗歌和散文都很有特点。曹操的诗歌，今存不足二十篇，全部是乐府诗体。

在艺术风格上，曹操的诗歌大都以感情深挚、气韵沉雄取胜，而不限于华丽的辞藻。在诗歌情调上，则以慷慨悲凉为主基调。曹操在他的诗中，将建安文学的这一特点表现得更为典型，最为突出。

除此之外，曹操在文学上的功绩，还表现在他对建安文学所起到的建设性作用上，在长期战乱、社会残破的背景下，建安文学能够蓬勃发展，同他的重视和推动是密不可分的。

## 曹丕：尽忠职守的英明君主

### 人物名片

曹丕（187—226），字子桓，沛国谯县（今安徽省亳州市）人。三国时期著名的政治家、文学家，曹丕是曹魏的开国皇帝，公元220年—226年间为曹丕的统治时期。曹丕是魏武帝曹操和卞夫人所生的长子。曹丕去世之后，庙号为"高祖"，谥号为"文皇帝"，葬在首阳陵。曹丕在文学方面颇有成就，所以将其与父曹操、弟曹植合称为"三曹"。

### 人物风云

魏文帝曹丕，是魏朝的开国先祖，字子桓，三国时期著名的政治家、文学家、诗人。也是三国时期的第一位皇帝，从此结束了汉朝四百多年的统治。

汉中平四年的冬天，曹丕降生在谯。曹丕自幼就非常聪明，而且十分好学，几岁的他就已经熟读古今经传、诸子百家。年仅八岁的曹丕，就已经可以出口成章。曹丕称得上是一个少年英才，正是因为自己的才华出众，所以在建安十六年时，曹丕便被任命为五官中郎将，副丞相。

身为一个读书人，只有心胸坦荡、做事光明磊落才算的上一个真正的君子，但是曹丕偏偏学一些阴谋诡计，为了达到自己的目的不择手段，即便是自己的同胞兄弟也不会轻易放过。建安二十二年，曹丕使用各种诡计陷害曹植，和自己的弟弟曹植争夺继承权。除此之外，曹丕还有司马懿、吴质等大臣鼎力相助，被立为魏王世子。

延康元年，魏武帝曹操不幸去世，世子曹丕继承大统，被立为魏王、丞相以及冀州牧等多重职位，当时曹氏和士族之间的矛盾不断深化，为了缓和双方之间的矛盾，他也采取了一些政策进行调节。比如说，曹丕接受了陈群的建议，设立九品中正制度。在曹丕的不断努力之下，曹氏和士族之间的关系才得以缓和，并且还得到了他们的大力支持，这样就为以后称帝埋下了伏笔。

同年十月，曹丕逼迫汉献帝退位，即刻登基称帝，即为大魏皇帝，将国号定为大魏，改元黄初，曹丕将都城雒阳改为"洛阳"。

公元 221 年，曹丕命令那些人口已经高达十万以上的郡国，每一年都要察举孝廉方面的人才。与此同时，命人重修孔子庙，册封孔子的后人孔羡为宗圣侯。

公元 224 年，曹丕下令恢复太学制度，设立春秋谷梁博士。曹丕还下令修复都城洛阳，修筑五都，大力推广儒学文化。

在农业方面，曹丕采取战略防守战术，大力支持恢复农业生产，推广与民休息的政策，曹丕一生勤俭，反对厚葬，提倡薄葬。设置屯田制度，提倡成立谷帛易市，已达到稳定社会秩序的目的。到了黄初末，魏国的国库已经十分充实，累积巨万，在一定程度上解决了因常年战争所造成的通货膨胀问题。

为了巩固中央集权，曹丕还限制后党的权利，剥夺藩王权利。同时强化中书省的权利，让校事官制度可以顺利发展。

在军事方面，曹丕出兵大破羌胡联军，一举平定河西的大部分地区。不仅如此，还多次击溃鲜卑的骚扰，在一定程度上巩固了北疆边防。

在外交上，曹丕派遣使者复通西域，将东汉在西域的统治发扬光大，而且还设置了西域长史府。

曹丕是一个英明的君主，他极力反对君主大权独揽，同时建立中书省，其官员均由士人担任，原来由尚书郎负责的诏令文书起草的工作现在改由中书省官员负责，军机大权也逐渐落到中书省的手里。宦官为官，其官职不能超过诸署令，这样一来宦官的权力受到了限制，而且严重声明，妇人不得干预政权，文武百官也不可以奏事太后，太后的亲戚也不能够担当辅政的大任。曹丕执政倡导节俭、薄葬，其著作《终制》就是介绍这方面的文章。在曹丕执行九品中正制之后，用人的权利从地方收归到了中央，但是其弊端是也是有的，最终造成魏国统治的实权逐渐落到士族的手里，阶级垄断严重。

曹丕的确是一个非常有政治才能的君主，但在军事才能上就远不及自己的父亲曹操，他曾经几次率领大军南下讨伐吴国，但是都没有取得非常显著的效果。虽然曹丕的军事才华不够，但是他的文学才华成绩相当卓越。曹丕是三国时期一位杰出的诗人。他曾经所作的一首《燕歌行》就成了中国现存最古老的一部文人七言诗，而他所作的五言与乐府诗更为清绮动人，曹丕的《典论·论文》，在中国的文学批评史上占据着非常重要的地位，是中国文学批评史上第一部文学专论。

曹丕在位时，曹魏的综合实力得到进一步提升，版图也得到扩充，他曾经多次击溃羌胡、鲜卑等少数民族的进攻。公元226年，曹丕返回洛阳之后便一病不起，最后因病逝世，终年四十岁。在临终的时候，将曹叡托付给曹真、司马懿等人，希望他们可以辅佐儿子的政权。

虽然曹丕在位的时间不长，仅有短短七年的时间，功绩虽不是非常卓著，但是曹丕在政事上一直是忠于职守，兢兢业业，将自己的全部心血倾注于此，可以称得上是一个好皇帝。

曹丕去世之后，谥号"文皇帝"，庙号为"高祖"，葬于"首阳陵"。

## 刘备：从小贩到皇帝

> 人物名片

刘备（161—223），字玄德，涿郡涿县（今河北省涿州市）人。刘备是汉中山靖王刘胜的子孙，同时也是三国时期蜀汉的开国先祖。刘备生性善良，心胸宽广，为人谦和，选贤任能，礼贤下士，志向高远，素来以"仁德"二字治理天下，为后人称赞。刘备是三国时期著名的政治家，公元221年—223年为刘备的统治时期。刘备死后，谥号为昭烈帝，庙号"烈祖"，历史上称他为先主。

> 人物风云

刘备，三国时代蜀汉的开国帝王，三国时期的政治家。刘备是汉中山靖王刘胜的子孙，但刘备的父亲英年早逝，只剩下其母子俩相依为命。刘备自小家境贫寒，依靠母亲织草席和卖草鞋维持家里的生活。但是刘备志向远大，凭借自己卓越的品质将大量的有识之士招揽到自己的门下，为了他可以赴汤蹈火，肝脑涂地。虽然刘备的一生曾经遭受很多挫折，但是最后都凭借自己坚韧不拔的奋斗精神，勇敢地走了过来，成就了自己的一番事业，建立蜀汉，由一个卖草鞋的小商贩摇身一变成了昭烈皇帝，他的一生充满了传奇的色彩。

刘备平时寡言少语，而且不像常人那样喜怒形于色，城府颇深，让人捉摸不透，但是刘备待人宽厚，谦恭有礼。年轻时的刘备在东汉大儒卢植的手下学习，他不喜欢读书，但却对弄狗、骑马颇为上心，还广结善缘，也因此结交了许多豪爽之士。所以，在刘备青年时代，就有许多年轻人依附于他，这大概就是他性格中的优点吧。

刘备为人宽仁、忠厚、慈善、好乐善施、非常擅长收买和笼络人心，这就是曹操远不及的地方。

汉灵帝中平元年，为了推翻暴君的统治，黄巾起义爆发，刘备被推荐镇压起义军队，立下战功，汉灵帝晋升他为安喜县县尉，不久，朝廷下令，那些因为军功受封成为官吏的人，均要经过一轮精选淘汰，于是郡督邮前往安喜想要遣散刘备，当刘备得知这个消息之后，立即到督邮入住的驿站前去拜见，督邮说自己身患顽疾死活也不肯接见刘备，刘备因此怀恨在心，将督邮五花大绑，鞭打了两百皮鞭。随后与关羽、张飞等人弃官逃亡。之后，大将军何进派遣毌丘毅前往丹杨招募兵马，刘备恰巧碰到，便加入进来成为其中的一员，到下邳时因为征战盗贼立下战功，被任命为下密县丞，但是没过多久刘备便辞官。后来刘备又被册封为高唐尉、高唐令等。没过多久，高唐县被盗贼一举攻破，刘备不得已只好前往公孙瓒的住所，于是再一次升迁，担任别部司马一职。

不久，曹操打着为父报仇的幌子企图再一次攻打徐州，由于徐州牧陶谦的能力有限，而曹操大军势如破竹，凭借自身根本不能够抵挡，情急之下，只能向青州刺史田楷请求支援。刘备得到命令之后，立即率领上千人马从田楷赶往营救，虽没有击败曹操的大军，但是正好这时候张邈与陈宫二人背叛曹操，继而投靠了吕布，曹操的根据地连连失陷，迫不得已只能先行班师返回兖州。陶谦称赞刘备的才能，继而晋升为豫州刺史，并赐予小沛作为暂时的居住地。

兴平二年，陶谦因病去世，死前遗愿希望将徐州交与刘备治理。继而，刘备得到了糜竺、陈登、孔融等人的拥戴，即日起担任徐州牧一职。这时候，吕布遭到曹操的袭击，不幸战败，于是前来投靠刘备，刘备待人一向宽厚，对吕布更是十分客气，善待礼遇，还让他屯居小沛。

两年后，曹操册封刘备为镇东大将军，兼宜城亭侯一职。当时，袁术率领大军攻打徐州，刘备得到命令出城迎击敌军，两军的实力相当，陷入僵局，在盱眙、淮阴地区相持不下。不巧吕布乘人之危，带军袭击了下邳。刘备被迫率军返回，半路上军队溃散，于是召集残余军队攻取广陵，大败袁术军，不得以只能转军海西，眼看着就要弹尽粮绝困死在此，但是天无绝人之路，当时的东海糜竺愿意贡献自己的家财相助刘备的大军，这才得以保命。不久，刘备投靠了吕布，吕布也让刘备屯驻小沛。后来袁术派纪灵率领步骑三万人马攻打小沛，吕布深知唇亡齿寒的道理，想要利用"辕门射戟"的方法让两家就此收兵。但是没过多久，刘备便召集了上万人的军队，吕布见状恨之入骨，即刻率领军队攻占小沛。刘备不幸落败，于是前往许都投靠了曹操。曹操任命刘备担任豫州牧一职，还善待刘备的军队，给他们充足的粮草，让刘备屯聚于沛地。所以世人称刘备为"刘豫州"。

不久，吕布命自己的大将高顺和张辽二人率兵攻打刘备，最终，沛城被吕布攻破，刘备的妻子成了人质，刘备只身一人逃跑了。在梁国国界中，刘备和曹操相遇，在二人的密谋之下，决定联合起来进攻吕布，以泄心头之恨，一雪前耻，这次战役，以曹操的胜利而结束。吕布投降之后，刘备力主曹操除掉吕布。而后刘备和曹操一起返回许都，刘备晋升为左将军。

但是几年后，衣带诏事件爆发，曹操决定轻率大军东征讨伐刘备。虽然在曹军的大将中多数都认为袁绍才是其真正的大敌，但是曹操却偏执地认为刘备才是真正的英杰，一定要先行讨伐，永绝后患，郭嘉欣然表示赞同曹操的意见。这次战败，北上投靠了袁绍。随后他又投到刘表的麾下。为了表示对刘备的尊重，刘表到郊外亲自迎接刘备的到来，并且待以上宾的礼仪，还赐予新野地区让他暂时屯居。

建安七年，刘表派刘备率军北上进攻叶县，继而曹操任命夏侯惇、于禁、李典等人为大将率军抵御。刘备假装兵败撤退，暗自设下埋伏，李典觉得不对劲力劝夏侯惇，但是他却不听，一意孤行，损失惨重，幸好李典及时赶到，刘备的兵力过少，深知僵持下去一定会吃亏，于是下令退军。刘备屯居在荆州几年时间，自觉已老但是尚未建功立业，故而产生了"髀肉之叹"。刘备向刘表建议在曹操不设防的情况下，借机进攻乌桓，继而偷袭许都，但是刘表并没有接受他的意见。

建安十二年，刘备去往隆中求见诸葛亮，诸葛亮答应出山，帮助刘备打天下。

第二年，刘备与孙权联手，连同周瑜一起率领大军将曹操击溃在赤壁，紧接着率军南下收复荆州四郡。之后，刘备在孙权的手里获得荆州江陵，继而占据了荆州五郡。不久，刘璋听取张松的建议，任命法正为使者前去邀请刘备入蜀，帮助自己对抗张鲁，法正、庞统等人力劝刘备攻取益州等地。

建安十九年，雒城被围困了将近一年的时间才被攻克，于是刘备和诸葛亮、张飞、赵云等人一同进驻成都。不久，刘备命建宁督邮李恢说服马超投降。于是马超也来到成都与刘备等人会合，刘备派他率领大军屯驻城北，一时间城中陷入恐慌中。于是，刘备命简雍将刘璋劝降，任命刘璋为益州牧，蜀中的很多人才均被启用。

建安二十四年，刘备北上攻取汉中地区，在汉中一战中将曹操手下的大将夏侯渊斩杀，曹操迫不得已只能下令退军，刘备将曹操的汉中地区占为己有，同时以汉中王自居，在刘备的治理下，蜀汉政权一度达到了鼎盛时期。

然而，刘备占领汉中不久，其麾下大将关羽孤军北上，水淹七军、擒于禁、斩杀庞德，从此威震华夏，而且还将曹仁围困在襄阳，军事方面一度达到了巅峰，但荆州的后方空虚，东吴吕蒙趁虚而入，以"白衣渡江"计夺取荆州，导致关羽被吴军捕获，惨遭杀害，"失荆州"让刘备的元气大伤，从这时候起，蜀汉政权逐渐衰落。

魏黄初二年，曹丕篡汉建魏之后，刘备在成都自立为帝，国号为"汉"，凭借着汉室宗亲的身份重建汉朝，继承东汉大统，年号定为"章武"。继而，刘备打着为关羽报仇的幌子，出兵讨伐东吴，企图夺回荆州，但是天不遂人愿，公元222年，在夷陵之战中刘备战败，被迫退至白帝城。

虽然刘备战败，但余威犹在，孙权听说刘备如今驻守在白帝城，心中十分害怕，连忙遣使求和，刘备表示同意。

公元223年四月，刘备去世，谥号"昭烈帝"。

## 孙策：短命的"小霸王"

### 人物名片

孙策（175—200），字伯符，吴郡富春（今浙江省杭州市富阳区）人。孙坚的长子，孙权的长兄。孙策是东汉晚期盘踞在江东地区的军阀，是汉末群雄中的一员，同时也是三国时代吴国的重要奠基者之一，绰号为"小霸王"。孙策为了继承父业，忍辱负重，委曲求全，投奔在袁术的麾下，后来脱离袁术的控制，统一了整个江东地区。但不幸在狩猎时被刺客所伤，久病不愈，导致死亡，享年二十六岁。之后，他的弟弟孙权继承孙策的势力，在称帝之后，追谥孙策为长沙桓王。

### 人物风云

孙策出生在一个乱世时代，正所谓乱世造英雄，说的一点也没有错，孙策就是其中之一。孙策的母亲姓吴，是长沙太守孙坚的大儿子。东汉晚期，身为军阀的孙坚，常年征战沙场之上，将自己的妻子和孩子留在家里，所以抚养、教育子女的重担就落到了吴夫人的肩上。吴夫人教育子女很有一套，从来不严厉斥责他们，而是选择用宽容和诱导的方式教导他们，慢慢让儿女领悟其中的道理，分辨是非黑白。在这样的环境下，才造就了孙策、孙权两位兄弟，他们礼贤下士，重用人才，两个人都没有辜负父母的期望，不但继承了父亲的基业，还让吴国一步步走向了巅峰，与蜀、魏形成鼎足之势。

孙策相貌俊美，性格开朗、坦诚、宽容，喜欢听取下属的建议，在用人方面颇有研究，说话时非常喜欢开玩笑，颇具幽默感，对人非常和善，容易亲近，也因此赢得了士人和百姓的极力拥戴，个个愿意为他拼命、效忠。

徐州的一名学士张纮因为家中丧母，才回到江都。孙策听说之后，几次上门求见，与他一起讨论天下大势。孙策说出了自己的想法："以现在的情势看，汉朝逐渐衰微，天下必当出现一场纷乱，各路英雄豪杰，都手握重兵，企图壮大自己的势力。无一人是出于公心，愿意挺身而出，扶危济乱。我的父亲曾经和袁氏一同击败董卓，虽然建立功绩，但是未能论功行赏，还惨遭黄祖的迫害。我虽然还很年轻，而且学识浅薄，但是我却立志要干一番大事业。所以，现在我想要投靠袁术，希望他可以将先父当年的旧部交到我的手里，之后再到丹阳去投奔舅父吴景，占据吴郡、会稽等地区，伺机报仇，一雪前耻。您意下如何啊？"

张纮推辞说道："我的见识简陋，而且现在又是服丧在身，对于您的事，我实在是很难帮上什么忙。"

孙策再一次请求道："您的大名早已如雷贯耳，天下英才，对您无不向往仰慕。我的这些计划，成功还是失败，全凭借您的一句话。所以希望您可以对我坦诚相待，直言相告。若是我的志向得伸，大仇得报，一定不会忘记您今日的教诲之恩。"触及自己的伤心之处，孙策的眼中不自禁的落下了眼泪。

张纮见孙策言行慷慨，眉宇之间流露着忠义豪壮，于是深受感动，对孙策祖露心声，表明了自己的想法："当年，周朝王道惨遭凌迟，才让齐桓公和晋文公有机可趁，应运而起，由此可见，王室安宁稳定，那么诸侯王就只有供奉周朝的份儿，尽自己作为臣子的本分。既然您要将父辈的威烈发扬光大，决战沙场，若是真的可以栖身丹阳，在吴郡、会稽招兵买马，如此一来，荆、扬二州便可以一举拿下，到那时，报仇雪恨也指日可待了。那个时候，您具备天时、地利之势，背依长江，威德奋发，扫除奸雄，匡扶汉室，建功立业，那时的功绩绝对不亚于齐桓、晋文二公的业绩，定能流芳千古，怎么能够只是甘心做一个外藩呢？现在世难时艰，若是想要建功立业，就一定要南渡，那时我会联合我的好友一同前来支持您。"

孙策听了张纮的一席话，心里甚是激荡："那就这样一言为定！我现在回去，马上开始行动！只是我的家中还有老母和幼弟，带他们出行实在不方便，我现在将他们全都托付于您。希望您可以帮助我多加照顾他们，让我没有后顾之忧，我将会感激不尽。"

拜访完张纮之后，孙策真的是一刻也等不及，立刻去拜见袁术。到了那以后，孙策对袁术表明了自己的心迹。袁术仔细品读其言语，观察他的举止，因为袁术知道，孙策是一个能屈能伸的汉子，非常人所及。如果马上将其父的所有旧部交到他的手里，让他自立门户，自己的心里总有一些不甘心。袁术想了想，说："我已经册封你的舅父吴景担任丹阳太守一职，你的堂兄孙贲也晋升为都尉。现在丹阳就是选拔精兵的好去处，你可以前去投靠他们，召集兵勇。"

袁术这个人反复无常，很少信守承诺，最初的时候他曾许诺封孙策为九江太守，可是不久之后，他却改用亲信陈纪担任。后来，袁术出兵攻打徐州，因为粮草不齐，于是向当时的庐江太守陆康索求军粮，陆康拒绝，袁术大怒。这时候，碰巧赶上孙策前去拜见陆康，陆康非常看不起孙策，于是便命令主簿去接待，而自己却不出来迎接客人，对于这件事，孙策一直怀恨在心。

后来，袁术命孙策前去讨伐陆康，又许愿说："以前我错用陈纪，现在时常后悔用错了人。若是这次你将陆康拿下的话，那么庐江郡就会封给你。"

孙策奉命即刻出兵，不费吹灰之力拿下了庐江。但是袁术这次居然再一次出尔反尔，选用自己的部下刘勋担任庐江太守一职。对于袁术的种种作为，孙策是一次又一次的失望。

丹阳尉朱治原本是父亲孙坚的一个老部下，在孙坚的军中担任校尉一职，对于袁术这个人，他早就有所不满，但是敢怒而不敢言。现在孙策的到来，正好如了大家的心愿，只要孙策一声令下，全军皆会响应。于是，朱治劝说孙策借机夺取江东，于是孙策去求见袁术，对袁术说道："以前的时候，我的父亲对江东百姓多有恩义，我自动请缨出兵协助舅父征讨横江。拿下横江后，我依旧可以在那里招募士卒，我算了一下，最少可以招募三万人。到那个时候，我再领导他们帮助您平定天下，成就霸业，您意下如何。"袁术深知孙策对自己的行为早有不满，但他又一想，刘繇盘踞在曲阿一带，王朗占据会稽，凭借孙策一人之力，不一定会掀起什么风浪，于是便答应了，而且还写了一封奏折，上报朝廷让孙策担任折冲校尉。即日起，孙策率领父亲的旧部与数百门客出兵东进。

途中，孙策不断招兵买马，队伍逐渐壮大，到达吴景，队伍已经扩展到五六千人。孙策作战英勇，所向披靡，无人能挡。孙策所率领的军队军纪严明，对于百姓更是关爱有加，所以百姓们都很拥护孙策。

起初，当百姓们听闻孙郎的大军一到，各个都胆战心惊，屁滚尿流，就连守城的官长们也都会弃城逃窜，甚至会躲到草莽中。之后，人们逐渐发现，孙策军队所经之处，士兵严遵将令，从来不做掳掠百姓的恶事，鸡犬菜茹，丝毫无犯。所以，百姓见到他们就像见到自己的亲人一样，无比喜悦，争相用牛、酒犒赏军队。

孙策犒赏将士，颁布文告，通晓各县下属："只要是刘繇与笮融的乡亲或是部下前来投降的，一概不予过问；那些愿意从军打仗的人，便可以从军，而且还拒收赋税徭役，若是不愿意从军的，也绝对不会勉强。"

文告发布没多久，前来归附的人就从四面八方云集于此，短短的时间内，就已经招募了近两万多士兵，战马一千多匹。袁术屯聚在寿春，听到孙策大胜的消息，于是立即上表册封孙策为殄寇大将军。从此之后，孙策的威名震响江东。

建安三年，孙策命张结前往汉廷进献方物，曹操选择与孙策交好，于是上表奏准任孙策为讨逆将军，兼吴侯一职。

建安五年，曹操和袁绍在官渡展开激战，孙策暗中盘算袭击许昌，迎取汉献帝，便秘密整顿军队，部署将领。孙策独自一人骑马出行，不幸遇到了刺客，孙策受重伤。久病不愈，在奄奄一息之际，召集张昭等人嘱咐后事，希望孙权继承自己的事业，将印绶交予孙权，卒年二十六岁。后来，孙权称帝，追谥孙策为长沙桓王。

## 孙权：生子当如孙仲谋

### 人物名片

孙权（182—252），字仲谋，祖籍为吴郡富春（今浙江省杭州市富阳区），出生在下邳。三国时代吴国的开国先祖，公元229年—252年为孙权的统治时期。孙权年轻时随兄长孙策一举平定江东战乱，哥哥孙策英年早逝，将大权交到了孙权的手上，孙权成为新一任的江东之主，孙权知人善用，缓解了江东的困境，保住了父兄的百年基业。建安十三年，孙权和刘备立下盟约，将曹操击溃于赤壁，三足鼎立的局面初步形成。建安二十四年，孙权成功袭击刘备于荆州，进一步扩大了吴国的领土。章武二年，孙权自立为吴王，建兴七年登基称帝，自此，吴国正式建立。

### 人物风云

孙权，中国历史上著名的政治家、战略家，孙权形貌奇伟与寻常人颇有不同。孙权从小文武双全，随着年龄的增大，孙权便开始随父兄常年在外征战，所以孙权的马上功夫相当了得，年轻的时候时常乘马射虎，其胆略非常人能及。曹操就曾经称赞他：生子当如孙仲谋。

孙权的父亲孙坚曾经被册封为乌程侯、破虏大将军等，而哥哥孙策也被曹操奏请担任讨逆将军，册封吴侯。小时候的孙权时常跟随哥哥征战沙场，见多识广，而且他自幼喜欢读书，对于历史、文学等方面的书籍均有涉及，长大后的孙权已然是一个文韬武略的全才。而且孙权的性格非常开朗，待人宽容。正是由于这样的天性所致，所以孙权的人缘非常好，在军队中享有很高的名望，父亲战死沙场之后，小小年纪的孙权有时还会帮助哥哥一起商量作战对策，一语中的，让孙策颇为惊讶，因为就连孙策都没有想到，弟弟竟具有如此过人的谋略。孙策非常高兴，有一次在设宴招待贵宾时，便对孙权说："来，不要看你的年纪尚小，在座的文臣武将，将来都会成为你的属下，帮助你成就大业。"为了使弟弟早日成材，在孙权十五岁的时候，孙策便命他去担任一个县的县长，锻炼他的性格，磨炼他的意志。

孙策生病去世，临终时，孙策把孙权交予张昭照顾，之后又将自己的印信交到了孙权的手中，并对他说："若是说领导江东百万将士冲锋陷阵，屠戮疆场，与豪杰逐鹿中原，这一点你不能和我相比。但若是知人善用，稳固江东，哥哥就要自叹不如了。现在我将大任交到你的手里，你一定要好好努力，不要辜负了父亲和我的期望。"就这样，孙权继承了哥哥的爵位，担任吴侯、讨逆将军的职位。在张昭和周瑜等众位大臣地全心辅佐之下，孙权的势力逐渐扩张，几乎无逢对手。孙权广招贤臣，几乎独占江东地区，实力日渐强大起来。

建安八年到建安十三年这五年的时间，孙权曾经三次出兵讨伐江夏太守黄祖，而且在此期间大将甘宁归顺孙权，此时的孙权更是如虎添翼，今非昔比。同年，汉丞相曹操出兵南下讨伐刘备，大获全胜。曹操攻克了江陵地区之后，给孙权书信一封，决定要一举攻克东吴。孙权怎会坐以待毙，东吴内部分为主战派和主和派两个派系，主战派主要以鲁肃、周瑜为首，而主和派则由张昭率领。虽然，张昭在军中很有威信，但是按照孙权的个性绝对不会委曲求全，倒不如和曹操决一死战。这时，鲁肃在江夏地区迎接刘备的军师诸葛亮到来，诸葛亮向孙权表明了主公联吴抗曹的意念。此时，周瑜也一再地说明曹操的种种弊端，如是一战有很大的希望获胜。经过再三考虑，孙权决定，任命周瑜和程普二人担任左右都督，和曹操进行决战。周瑜采用黄盖的谋略，用三万人在赤壁大败曹操军。这就是历史上赫赫有名的赤壁之战。

战后，孙权和曹操在合肥与濡须地区多次对峙，胜负各半。这期间，孙权曾与刘备联手，还将自己的妹妹嫁与刘备为妻。继而，孙权接受鲁肃的计谋，把自己的盘踞之地荆州的南郡双手赠与刘备。

公元219年，关羽出兵发动襄樊之战。此时的孙权见到刘备的势力逐渐强大起来，对自己构成严重的威胁，随即改变了先前的战略，投靠了曹操，两人达成协议，孙权向曹操俯首称臣，而曹操必须帮助自己拔掉刘备这颗定时炸弹。于是，曹操任命吕蒙为都督一举攻克刘备所占据的荆州，而潘璋、朱然随即斩杀了刘备的大将关羽，关羽的死，让刘备元气大伤，也算是消除了孙权的心腹大患。

第二年，曹丕登基称帝，建立大魏，历史上称为曹魏。随即，刘备在蜀汉称帝，国号定为汉，历史上称为蜀汉，刘备即刻兴兵征讨东吴。在情急之下，孙权果断册封39岁的陆逊担任大都督一职，率兵抗击刘备，在夷陵一战中大败蜀军。

公元223年，刘备去世之后，蜀、吴结为盟友，互通使臣，矛盾逐渐得到缓和。公元226年，曹丕卧病不起，孙权借机攻占江夏。

公元229年，孙权在武昌登基即皇帝位，国号定吴，自此，孙吴王朝正式建立，都城建业。

几年后，孙权与诸葛亮开始了最后一战——北伐，诸葛亮亲自率领大军讨伐合肥，不幸落败，之后孙权几次出兵北伐，连年征战，各有胜负。

孙权称帝之后，曾经多次派人航海外出，逐渐加强和夷州的联系。设置农官，实行屯田制度，在一定程度上促进了江南地区农业的开发。孙权统治晚期，日益骄奢，宠信奸佞，百姓的赋役繁重、严刑酷法，百姓民不聊生。

公元252年，孙权久病不愈，享年七十一岁。谥号为"大皇帝"，历史上称为东吴大帝。庙号为"太祖"。

# 奇异女子——舞动政治半边天

## 蔡文姬：文艺女青年的乱世悲歌

### 人物名片

蔡文姬（生卒年不详），又名蔡琰，字昭姬，在晋时为了避开司马昭的忌讳，就将字改为文姬，生于东汉末年的陈留郡围县（今河南省开封市）人。是当时的大文学家蔡邕的女儿，后来蔡文姬也成了中国历史上著名的才女和文学家，她博学多才，擅长吟诗作赋，言辞善辩，精通音律。蔡文姬传世的代表作有《胡笳十八拍》《悲愤诗》等。

### 人物风云

三国是一个群雄纷争的年代，每一个女子都会成为那个时代的牺牲品，对于一位博学多才的弱女子，她的命运也不会逃脱时代的束缚，她的一生只能是在尴尬和不幸中度过。这位女子便是后汉三国有名的才女——蔡琰（蔡文姬）。

蔡琰属于名门之后，她的祖上蔡勋是一位忠于汉朝的贤臣，在西汉灭亡的时候拒绝了王莽的高官任命，隐居在深山里，他们一家的忠贞也因此被世人称颂。蔡琰的父亲是东汉末年著名的文人蔡邕，他既是一位著名的文学家，又是一位才华横溢的书法家，在当时的文坛和艺术界久负盛名。蔡文姬出生在这样一个书香门第，自幼便接受良好的熏陶。

蔡文姬年幼的时候就表现出了对音律极度的敏感，一天夜里，蔡邕来了兴致，在庭院中抚琴。弹着弹着，一根琴弦竟然绷断了。蔡邕正想借此事发一番感慨，不料身后的小女儿蔡文姬却稚嫩地插了一句："断的这根线是第二根弦吧？"蔡邕心里一惊，因为女儿说得确实正确。他不相信这么小的孩子会有这么好的音乐天赋，便随口敷衍道："小丫头，你猜对了，不过只是碰巧罢了。"说完，她的父亲竟然手指一勒，又将琴上的一根弦弄断了，然后望向蔡文姬说："这次呢，你能猜出断的是第几根弦吗？"蔡琰想都没想回答说："这次断的应该是第四根弦。"蔡邕惊讶地望着女儿。因为她又猜对了。这次，父亲真正相信了女儿在音律方面的天赋。

古琴的每一根弦都可以发出高低不同的声音，因此琴弦在绷断的时候自然就能发出不同的响声。很难分辨出每一根琴弦的音律，除非是对琴音非常精通，否则一般人是不可能做到的。就像蔡邕自己，他就能通过焚烧琴木的爆裂声中分辨出这块木头是不是制作琴的好材料。那么，蔡文姬能够从绷断的弦声中听出断的是第几根弦，对于如此年幼的小女孩来说，能够拥有这么好的音乐分辨能力，已经是难能可贵了。

等到蔡文姬稍大一点的时候，就嫁给了卫仲道，但是结婚没多久丈夫就死了，于是她回到了娘家，后来因为战乱，一直没有改嫁。结果到了初平三年的时候，司徒王允设计将董卓杀死，虽然董卓是个人神共愤的魔王，但他曾经帮助过蔡邕，因此在他死后，蔡邕不免叹息了几声。可就是这几声叹息将王允震怒了，他严厉斥责蔡邕有依附奸党的嫌疑，因此将蔡邕抓了起来。不久，蔡邕就死在了狱中。蔡文姬的丈夫和父亲相继死去，使她顿时成为飘萍的柳絮，无依无靠。

没过多久，汉朝内部分崩离析，各少数民族也趁此蠢蠢欲动，烧杀抢掠。就在这样的情况下，蔡文姬被横行的匈奴骑兵捕获了。当匈奴骑兵见到如此气度不凡的美女时，就手下留情。后来几经辗转，竟然将她送到了匈奴的第二把手——左贤王那里，这也是蔡文姬在匈奴生活十余载的开始，她成为左贤王众多妻子中的一个。左贤王对于这样一个美丽与才情兼得的女子，自然是宠爱有加。

此时的蔡文姬遭人劫掠，沦为匈奴的王妃，虽然并不是心甘情愿，但在这个战祸连年的时代，她只能向命运屈服，毫无招架之力。于是，看透世事的蔡文姬放平了自己的心态，老老实实地在匈奴过起了左贤王夫人的生活。这一待，就是十二年。蔡文姬也在时光的消逝中洗尽了铅华，磨灭了棱角，成为一个饱经沧桑的中年妇女，而且她和左贤王还共同孕育了两个儿子。

事实上，在匈奴的生活，虽然饱经思乡之情，但也给她带来了前所未有的安逸。于是她在闲暇的时候就用匈奴地区的乐器作歌，以此来寄托自己的忧思，著名的《胡笳十八拍》就是她在这个时期的作品。歌声哀怨绵长，使人闻之落泪。本来，她以为自己能够安稳地在匈奴过完此生，没想到十几年之后，命运又一次让她作出了无可奈何的选择。

建安五年，曹操不但是东汉末年的政治家和军事家，而且还是一位文坛颇具盛名的领袖，他与蔡文姬的父亲蔡邕，早年就有一定的交情，而且对蔡邕的文采，他一直都非常敬佩。因此对蔡文姬的聪慧与她的不幸，曹操早就有所耳闻，而且一直找机会想解救这位让人心生怜惜的女子。

现在曹操终于有机会并且也有实力了结这件事情，他自然不会放过。于是，曹操向匈奴方面索要蔡文姬，左贤王虽然心有不舍，但面对曹操的势力，只能是忍痛割爱。这时的蔡文姬，内心其实也非常矛盾。虽说她是被匈奴俘虏过来，但与左贤王相伴十二年，且左贤王对她也是宠爱有加，多少也是有些感情。更何况还有自己生养的两个儿子，他们是左贤王的后代，是匈奴的小王子，自然是要留在胡地。这既是回归故乡的大好时机，也是母子永诀的哀伤时刻。这份哀痛，实在不亚于当初的背井离乡。但是连左贤王都没有办法改变的事实，蔡文姬一个弱女子更没有抗衡的能力，她只能又一次选择了向命运低头。

建安十二年，蔡文姬终于回到了阔别已久的家乡。曹操将她带回之后，就把她嫁给了陈留人董祀。董祀虽然名气不大，但也是曹操手下的一个重要人物，本以为蔡文姬回来之后的生活能够安稳度过，没想到，董祀后来犯了错误，被曹操判处了死刑。董祀可以算是蔡文姬归乡之后唯一的亲人和依靠，因此这位饱经风霜的才女没有办法，只能豁出自己的脸面，去为自己的第三任丈夫向曹操求情。

她到了曹操的相府，恰逢曹操正在大摆筵席款待群臣，堂内坐满了朝廷的公卿名士，以及远方前来进贡的使者。曹操听说蔡文姬就在门外求见，他得意扬扬地向满座宾客炫耀她的才华，于是将蔡文姬宣召进来。只见此时的蔡文姬蓬头赤脚，满面哀愁，她对着曹操盈盈拜倒，凄楚地诉说着自己的无奈与悲苦，哀求他能够饶恕自己的丈夫。众人看到她的样子，听着如此恳切的言辞，都不禁心生怜悯。或许曹操是被她的言辞给感动了，果真派人去将董祀救了回来。

曹操趁机又问蔡文姬："听说夫人家中曾经有很多的藏书，不知道您还能够记得多少呢？"

蔡文姬听到他的问话，不禁想到了自己枉死的父亲，只得叹息一声告诉他，父亲的藏书曾经很多，但是全都因为战乱失散了，现如今她能够记得的也只有其中的四百多篇而已。

曹操作为文坛领袖，爱书如命，听了她的话自然非常高兴，他告诉蔡文姬希望能够将这四百篇留下来。于是就命人拿来笔墨纸砚，蔡文姬将自己记忆中的所有文章全部写了下来。这四百篇文章也得以流传下来。

蔡文姬就这样过完了自己颠沛流离的一生，作为封建社会的女性，在那个战乱不断的年代，不管蔡文姬本人是如何聪慧、美丽、富有才情，却依然没有办法逃脱命运的摧残与折磨。这就是封建女性共有的悲哀。

## 貂蝉：连环计的灵魂人物

▶ 人物名片

貂蝉（生卒年不详），与杨玉环、西施和王昭君并称为中国古代四大美女。根据民间的传说，貂蝉的原名为任红昌，原本是山西的一名村姑，但是她为了报答义父王允的养育之恩，自愿献身去完成连环计的故事。

## 人物风云

东汉王朝在经历了一场又一场的浩劫后，开始走向慢慢崩溃的过程，东汉经历的第一场大的浩劫就是董卓进京。董卓可算是西凉的一位土霸王，他不但擅自进行废立，大肆奸淫宫女妃嫔，而且将小皇帝以及何太后全部杀害，甚至对当地的百姓也随意屠戮，真可称以算得上是烧杀抢掠无恶不作。这样的一个魔王，当然会激起公愤，群起而诛之。于是，关东地区的各路诸侯开始举兵进行会盟，商议讨伐董卓。可经过了几番大战之后，关东的各路诸侯最终陷入了内讧的境地，反倒让董卓得以坐收渔翁之利，他越来越肆无忌惮。

直到后来他自称太师，出入的时候全部都改用天子的仪仗，而且还对他的兄弟子侄进行了不同程度的分封，对满朝的文武百官总是颐指气使，稍有不顺便对其加以谋反的罪名将其处死，致使朝中人人惊惧。面对时下的局面，司徒王允一直图谋将国贼董卓除掉。但董卓的义子吕布可是勇冠三军，军中几乎无人能敌，而且对于董卓也是极其忠心，从不离左右进行护驾，让王允根本就找不到下手的机会。王允苦于想不出好的计策，食不甘味、寝不安席。

一天夜里，他因睡不着觉就走到后花园中独自叹息，却没想到突然听到花园中竟然有另外一个人在对月长叹。他定睛一看，原来是美貌多才的歌伎貂蝉。王允好奇地问她大晚上不睡觉跑到园中做什么？貂蝉回答他说，是因为她平日里见王允每日都忧心国事，却又不好问他，因而只能在后院之中独自叹息。并且最后还补充了一句，如果能够有用得着她的地方，她定会万死不辞。

王允听完了她的话，脑袋一转，瞬间一个妙计涌上心头。他高兴地说："想不到汉朝天下，竟然握在了你的手中！"他立即将貂蝉带到自己屋中，给她边磕头边说："董卓那个奸贼，凶恶无比，更有吕布那个逆贼助纣为虐，两个人都是人人得而诛之的乱臣贼子。现在我有一计，需要你的帮忙，但是可能会威胁到你生命，希望你能三思。"貂蝉立即将王允扶起说道："义父断不能跪我，需要我做什么，您但说无妨，我一定会竭尽全力。"

　　王允听了貂蝉的话，就把自己的计划原原本本地告诉了貂蝉。他说董卓和吕布两个人都是好色之徒，他准备利用这一点，设计一个连环计。先将貂蝉许嫁给吕布，然后再让董卓发现貂蝉的美貌，以此来离间他们父子，使吕布杀掉董卓，然后再重扶江山社稷。但是这一计极其凶险，稍有不慎就会丢掉性命，他把这其中的利害关系又跟貂蝉说了一遍，但是没想到貂蝉还是毫不犹豫地答应了。

　　不久，好色的董卓和吕布就堕入了王允的圈套之中。王允先请吕布来做客，让吕布看到了美貌的貂蝉，然后就将貂蝉许配给了吕布，后来董卓无意中发现了貂蝉，其实是王允故意布的局。以董卓的霸道，立即将貂蝉霸占了。吕布见自己的未婚妻被义父霸占，立即怒火中烧，认为董卓的行为就好比禽兽。而董卓这边见吕布一有机会就与貂蝉眉来眼去，也对他极为不满。王允在这中间，自然是作为局外人对吕布煽风点火，添油加醋，貂蝉身在董卓府中，也是尽情表演。

　　有一次，吕布进入董卓府中向义父问安，恰巧碰到董卓正在睡觉。貂蝉站在床后探出半个身子望向吕布，以手指着自己的心口处，然后又用手指了指董卓，立即就挥泪如雨。吕布看着这样的美人为自己泪如雨下，立即感到了无比的心痛。董卓醒后，朦胧着双眼，看吕布一直注视着自己的床后，转身一看，就看到貂蝉正在床后立着。董卓立即大怒，以为吕布调戏貂蝉，他立刻派人将吕布赶了出去，而且命令他从今往后再也不能进入内堂之中。

　　吕布和董卓之间的关系在一步步恶化，终于在"凤仪亭"事件时达到了高潮。吕布趁董卓不在的机会，偷偷溜到了相府的后堂内与貂蝉私会，貂蝉则将他约到了后园的凤仪亭边。过了一会儿，貂蝉梳妆打扮好之后，便娉娉走出来了，一见面她便哭着对吕布说自己已经被义父许配给了吕布，而且她自从见到吕布之后，心里想念和记挂的人只有吕布，每日茶不思饭不想地期盼着吕布能够早日来迎娶自己。可是没想到半路杀出个程咬金，还没等到吕布的迎娶，就被董卓强行霸占了，她本欲反抗，但是董卓权大势大，又怎么会是他的对手呢？貂蝉说得言辞恳切，吕布在这里听得非常心痛。貂蝉看到她的话已经起了作用，于是继续说道："我没有办法抵抗董卓的侵犯，本想一死来摆脱自己不洁的身子，可是又想在死之前见将军最后一面，所以才苟活至今。近日有幸见到将军，我今生最大的愿望实现了，此时死去也可以瞑目。"说着，就站到了湖边的栏杆处，就要跳湖。吕布见状，立即上前抱住她，向貂蝉明志说："我已经明白你的心思，今生不能娶你做我的妻子，就不是英雄所为。"说着拿起战戟就要离开。貂蝉拉住吕布说："将军既然这样说，为什么又要走呢？难道你怕你的义父吗，那么我这辈子是不是就永远没有做你妻子的机会了，那我还不如死了算了。"吕布看着她说："你放心，等我想到一个万全之策就回来救你。"说着，拿起战戟头也没回就走了。

董卓进入后堂之中，问貂蝉今日是不是与吕布私通了。貂蝉听了这句话，立即泪如雨下，她扑到董卓的怀里抽泣着说："我本是太师的女人，今天到后花园赏花，吕布突然来了，我看他有些不怀好意，想要立即避开他。没想到他却说是您的义子，我没有什么好避开的。后来他拿着战戟将我逼到了凤仪亭，我恐怕他继续逼迫我做出一些对不起太师的事情，就想要跳河自尽，没想到却被他从后面抱住，就在这生死关头，幸好太师来了，要不然就连我的性命……那我这辈子恐怕就再也没有机会见到太师您了。"董卓望着貂蝉说："别哭了，既然吕布喜欢你，我今天将你许配给吕布吧。"貂蝉一听，知道董卓是在试探她，于是她哭得更厉害了，继续说道："我已经侍奉太师这么久了，现在让我嫁给别人，我宁愿死都不会同意的。"说着就拔出了董卓挂在墙壁上的剑想要寻死，董卓见状立即拦住她，安慰说是开玩笑的。貂蝉看到自己的计划将要成功了，立即倒在董卓的怀里说："太师虽然喜欢我，但还让我住在这里，害得我总是提心吊胆，担心哪天被吕布占了便宜。"董卓想了想，同意了貂蝉的建议，于是就带着她回到了自己的郿坞城堡。

另一方面，吕布见貂蝉被带走了，以为是董卓胁迫貂蝉，又担心永世不能再和貂蝉相见。再加上貂蝉在一边煽风点火，她见时机已经成熟，就对吕布实施了激将法，吕布与王允协力杀死了董卓。

巧妙的连环计终于告一段落，貂蝉这位绝世美女也因为其功劳被世人记住了。听着貂蝉的故事，不得不佩服这位古代女子聪明机智。可想而知，身在虎狼穴的貂蝉，面对着杀人不眨眼的魔君董卓和枭将吕布，即使是一位骁勇善战的男子也奈何不得，但她一个手无寸铁的弱女子竟然能够做到这一步，是多么的不易。也难怪后人将其称为"女中丈夫"。

即使这样，一些人也忘不了她是靠自己的美色迷惑董卓和吕布，被人不顾事实地冠上了红颜祸水的名号。要说貂蝉的容貌，确实是个美女。关于这个后世还有一个传说，某天夜晚，貂蝉在府中的后花园对着天上的月亮为世人祈福。忽然，天上的一片流云飘过来将明月遮住了，就好像是躲进了云层里一般。于是，大家就纷纷传说貂蝉的容貌足以闭月。貂蝉能够被世人记录下来，应该并不仅仅是因为她美丽的容颜，更多的应该是她在连环计中的贡献。

在古代口口相传的四大美人之中，王昭君、西施和杨贵妃三个人都是史册中实实在在存在的人物。而唯独貂蝉最为特别，从始至终她就只存在于人们的虚构和幻想中。因此她在艺术作品中的出现，也是后世的文学家和艺术家在史料的相关基础上进行了大胆的想象和演绎，从而将她的艺术形象表现得更加完整。

## 孙尚香：巾帼不让须眉

> **人物名片**

孙尚香（生卒年不详），三国时期孙坚的女儿、孙权的妹妹，她家世显赫，父亲孙坚官至长沙太守、乌程侯和破虏将军，曾经一度成为威震一方的霸主。她的母亲吴夫人，出身东吴豪族，她的哥哥们孙策和孙权，都是三国时期叱咤风云的英雄人物。孙尚香本人后来嫁给了刘备，成为孙刘两家进行联盟的纽带。

▎人物风云

　　孙尚香小时候，她的父亲孙坚就在战争中了埋伏，不幸身亡。后来年幼的孙尚香就跟随母亲，过了几年寄人篱下的日子。她的大哥孙策很快就重振雄风，带兵扫荡了江东地区，孙尚香也因此成了豪门大户的"郡主小姐"。

　　因为家世显赫，身份地位比较尊贵，从小孙尚香就被众人娇惯，再加上她出身于军旅世家，受家庭环境的影响和种种机遇的熏陶，她养成了一种男孩的性格，经常在家里与一些年龄比较小的兄弟们一起舞刀弄枪，而且还费尽心思地训练了一支手持枪棒的侍女队伍。就是在她的闺房之中，也是摆满了各种兵器，看起来仿佛是某位将军的军帐一样。

　　建安十三年的时候，曹操将袁绍的势力灭掉以后，统一了北方，然后就率领大军开始南下，气势汹汹，大有一举扫平江南的气势。荆州牧刘表恰好这时候病死了，他的儿子刘琮投降了曹操。一代枭雄刘备被曹操杀得毫无招架之力，带领军队狼狈逃到了江夏。

　　曹操兵锋直指孙权，但孙权又不甘心就这样乖乖臣服。但要想独力抵抗曹操的大军，显然又有些力不从心。无奈之下，军中的谋士建议他与刘备联合。这样两家同心合力抵抗曹操，胜算还能更大些。因此在后来的赤壁之战中终于大获全胜，烧得曹操带领军队落荒北逃。

　　赤壁之战后，经过一番钩心斗角的博弈，刘备最终占据了荆州，使其作为一个暂时的栖身之处。这也是当时孙权为了拉拢刘备，帮助他一起对抗曹操而采取的战略措施。荆州之地物产丰富，而且战略位置重要，确实是块好地方，但眼看刘备占领荆州已成为事实，孙权也没有办法阻止，只好打掉牙齿往肚里吞。

　　孙权向刘备索要荆州，开始的时候刘备拿刘表的儿子刘琦来搪塞，他说刘琦才是荆州真正的主人，只要刘琦在，荆州就应该姓刘，刘琦死了，他就会把荆州让给孙权。没过多久，刘琦真的因为体弱多病去世了，孙权再次派鲁肃向刘备索要荆州，没想到刘备却号啕大哭，说他现在根本就没有立锥之地，将荆州还给了孙权，他就没有地方待了。因此他请求孙权能够宽限一段时日。事实上，这只是刘备的缓兵之计，孙权明知道他在耍赖，也却是没有办法。

孙权手下的大都督周瑜，与孙权君臣同心，整日里谋划着如何才能拿回荆州这块宝地。这日刘备那边传来消息，刘备的妻子甘夫人去世了。周瑜听到这个消息，眉头一皱，便心生一计。于是他立刻写了一封书信派人带给孙权，信中说让公主孙尚香前去与刘备联姻，这样不仅能够要回荆州，还能维系双方的合作关系。孙权对于这个计策也十分赞成。于是，孙尚香就真正地成为"美人计"中的诱饵。

后来这个消息被孙尚香的母亲知道了，她非常生气，将孙权叫过来训斥了一顿，但是没有办法，决定已经做出了，就不能改变，更何况关系到双方的合作利益。刘备在迎娶之时，看到了孙母的不满情绪，一直在尽力地讨好，那嘴巴比蜜还甜，终于讨得了丈母娘的欢心，孙母也最终同意了这门亲事。

刘备，年近五十丧妻，又听说孙尚香是一位年轻美貌的女子，再加上这次联姻又关系到双方合作的大事，自然对这个想法非常赞成了。但是迎娶过程也是异常艰辛的，他害怕孙权使诈，心里也有些打鼓。但是刘备军中谋士如云，仅诸葛亮一人就能将事情解决。他给了刘备三个锦囊，让他安心迎娶孙尚香。在诸葛亮的帮助下，刘备终于抱得美人归。到了洞房花烛夜的时候，刘备心中充满了期待。招待完所有的宾客之后，略带醉意的他，兴冲冲地就赶往了洞房。

可是他的一只脚刚刚迈进门槛，酒意立即清醒了一半，一股寒气陡然从脚底蔓延到心头。

只见洞房之内，所有的侍女们都手握剑戟，杀气腾腾，双眼圆睁盯着他。坐在婚床上的孙尚香，身配长剑，英姿飒爽。此时的刘备只感觉心中一阵凉意，两腿直打战，想要逃走。无奈心里这么想着，脚却不听使唤，连迈步都觉得困难。那一刻，刘备心里暗想："诸葛亮你智慧过人，机关算尽，给我三个锦囊，却唯独算不到最厉害的这一招原来在这呢。"

就在他惶恐不安的时候，孙尚香看着他的表现微微一笑，开口说："大名鼎鼎的刘备原来如此胆小。"刘备听了，心里反而轻松了不少，而且孙尚香的声音确实非常悦耳。不过，这也让孙尚香看到了刘备憨厚可爱的一面，再加上他常年征战，多少也带些英气，而且刘备的肤色很白，俗话说一白遮百丑，因此刘备的样子也看得过去，孙尚香因此心里也有一些欢喜。

婚后的孙尚香经常发脾气，并且带着自己亲自调教的一帮东吴兵将总是欺负刘备。但这些也不过是女孩家的一些小把戏，毕竟孙尚香是个女人，她的内心也是温柔善良的。孙尚香逐渐地长大成熟，随之而来的苦恼也慢慢增多。她越来越感觉自己就像一块夹心饼干，一边是丈夫，一边是娘家，她夹在中间，真的很为难，她不想伤害任何一方，然而，当时的情况并不会按照她的美好意愿发展。随着刘备的羽翼渐渐丰满，他的地盘也在不断扩张，四方的贤能之士也纷纷前来投诚，他的势力不断扩大，逐渐对孙权构成了威胁。更让孙权气恼的是，他虽然娶了孙尚香，却一直都没有归还荆州，而且还因为刘备不断扩大的势力将孙权向益州发展的道路阻断了。

孙权气急，建安十六年十二月，刘备西征，孙权趁着刘备不在的时候，写信给妹妹孙尚香，骗她说自己母亲病重，让她立即回娘家见母亲最后一面。而且还说母亲想看看自己还没有见过面的外孙刘禅，希望她能够将刘禅一起带回东吴。孙尚香接到哥哥的信，非常焦急，母亲是这个世上最疼爱自己的人，无论如何都要达成她的心愿。于是她怀着忐忑的心情，带上了刘禅，登船返乡了。

但是她怎么也想不到这其实只是孙权使的一计，目的就是利用刘备的独生子来要挟他换回荆州。孙尚香乘船顺水而下，向东吴进发。但是就在这关键时刻，张飞和赵云接到消息说孙尚香带走了刘禅，立即带人追上孙尚香，同时把刘禅截留了下来。这就是历史上有名的"截江夺阿斗"，这一事件成就了赵云和张飞的又一个功绩，而孙尚香也成了丈夫和兄长争权夺势的牺牲品。

这样一来，孙权的计划落空，当孙尚香回到吴国之后，发现母亲根本没病，才醒悟自己被哥哥骗了。她很生气，但是在那个年代，女人根本就毫无地位可言，更不可能掌控自己的命运。孙权不准妹妹再回荆州，于是，当年锣鼓喧天、热热闹闹的婚姻只不过维系了短短的两年时间，就被当时的执权者扼杀了。

刘备知道这事后虽然心里有些不舍，但是他一直告诫自己，好男儿应该志在四方，不能够被儿女情长所牵绊，因此这段婚姻就这样被遗忘了，曾经陪伴在枕边的人也成了他们权利之下的牺牲品。

后来刘备将西川打下之后，又迎娶了吴夫人作为自己的妻子。那个年代的男人怎么会对一个已经离去的女人还存有旧情呢，他们从来只见新人笑不见旧人哭，孙尚香和他在荆州两年耳鬓厮磨的情分，应该早就被他抛在了脑后吧。

建安二十四年，刘备占据了东川和西川之地，他派关羽从荆州北伐中原，孙权却在背后捅刀子，偷袭了荆州，不但将这块日思夜想的宝地夺了回来，还使得关羽败走麦城，最终落得身首异处的下场。刘备为了给仁义的弟弟报仇，一贯隐忍的他终于作出了人生中最意气用事的决定，他倾尽了自己全部的兵力去攻打吴国，结果致使自己一败涂地，公元223年在白帝城抑郁而死。

孙尚香虽然知道自己只是政治阴谋下的牺牲品，但刘备毕竟是她的丈夫，一日夫妻百日恩，当她听闻刘备的死讯之后，还是百感交集，悲痛万分。更何况她自从被亲哥哥骗回来以后就感觉处境凄惨，一直有寄人篱下的悲凉。这两种愁绪交杂在一起，最终让她承受不了内心的悲痛，来到江边，结束了自己的痛苦生活。

孙尚香的死或许是必然的吧，在那样的年代，每一个女子都不会拥有自己想要的幸福，男人们想的只是如何达到自己的目的，不管是哥哥还是丈夫，她们对亲人地看待只是一件具有利用价值的工具。这不仅仅是孙尚香命运的悲哀，而是属于那个时代的悲哀。

# 小乔：撼动周郎之心的美娇娘

### 人物名片

小乔（？—223），庐江皖县（今安徽潜山）人，东汉末年国色美女，亦是大乔的妹妹，周瑜的妻子。

### 人物风云

小乔出生在一个境况殷实的家庭。小乔和她的姐姐大乔都是当时有名的美女。

公元199年，孙策得到了三千匹骏马，回到自己的家乡江东，打算再创祖业的辉煌。而周瑜则是孙策少时的朋友，好友创业，自然不能不帮，于是他们选定的第一个目标便是皖城。在皖城的东边，有一处溪流环绕的宅院，那就是乔公的住所。乔公家里生有两个女儿，长的是天人之姿，而且机智聪明，在当地很有名气。孙策和周瑜二人听说了之后，便派人给这家送去了聘礼，得到乔公的应允后，将这一对姐妹花送上了花轿。于是，孙策娶了大乔，小乔则嫁给了周瑜。

孙策和周瑜都是少年豪杰，而大小乔一对姐妹花嫁于这两个人，美女配英雄，成就了一段广为流传的佳话。

在乔家的宅院中，有一个古井，井里面的水深而清澈。传说这也是大小乔经常梳妆打扮的地方，每一次装扮完之后，她们都会将剩余的胭脂扔进井中，久而久之，这口井的水也就成了胭脂色，还泛着淡淡的胭脂香。于是，人们也将这口井称为胭脂井。

从历史上看，大乔只和孙策做了一年的夫妻，孙策便遇刺身亡了。而小乔要比她的姐姐好一点，她和周瑜二人琴瑟和鸣，恩恩爱爱地过了十二年。周瑜相貌英俊，还善于音律，如今还有"曲有误，周郎顾"的传说。

小乔和周瑜的感情很深，他们一起跟着大军东征西战，就连著名的赤壁之战，他们也都在一起。赤壁之战过后的第二年，周瑜在返回江陵的途中，身染重病，一代名将就这样死在了巴丘，年仅三十六岁。这时候的小乔也只有三十岁上下，自己的丈夫突然离去，她的悲痛程度不亚于当初大乔失去孙策。

说起小乔，人们都会说："啊，那是周瑜的老婆，据说长得也不错。"除此之外，对她是知之甚少。周瑜死后，留下了年仅三十岁的小乔和三个孩子，一个儿子两个女儿。周瑜死后，小乔将他的灵柩带回了故土，自己一个人抚养着孩子。其中周瑜的一个女儿给孙权的大儿子做了老婆，而孙权的女儿也成了周瑜长子的妻子，可谓是亲上加亲。

在《三国演义》中，对于二乔的描写真的是微乎其微。就连著名的铜雀台事件，对她们二人也是一带而过。但是因为小乔的美貌，而引起的周瑜和曹操之争，却被描写得淋漓尽致。甚至有传说，曹操为了争夺小乔，才引发的赤壁之战。

公元223年，小乔因病去世，终年只有四十七岁，被埋葬在了庐江县城里真武观西，和安葬在城东的周瑜墓遥遥相望。坟墓的墓碑是用汉砖堆砌而成的，生前和周瑜一对伉俪，死后和周瑜形影不离，这就是所谓的爱情吧。千百年来，历朝的文人墨客前来庐江周瑜墓、小乔墓凭吊者无数，写下了许多脍炙人口的诗词、楹联佳作，给我们留下了一笔珍贵的文化遗产。

## 甄洛：勇嫁二夫的"女博士"

### 人物名片

甄氏（183—221），中山无极（今河北省无极县）人，魏文帝曹丕的正室，魏明帝的生母。甄洛原先是袁熙的妻子，在邺城沦陷之后，又成了曹丕的妻室。后来因为郭女王的陷害而被曹丕赐死，她死之后，谥号为"文昭皇后"。

> 人物风云

公元 183 年，甄洛出生。甄洛的父亲甄逸当时为上蔡令，甄洛从小就非常聪明，熟读诗书，长相绝美，也是三国时期有名的美女。在甄洛三岁的时候，她的父亲去世，留下了他们兄弟姐妹八个，上面有三个哥哥和四个姐姐，而她则是家中的老小。

甄洛可以称得上我国历史上最有心计的女子之一，她的身上充满了传奇的色彩。在她三岁的时候，因为她父亲去世，当时的相面先生刘良来甄家悼念，顺便给甄家这几个孩子看相，其他的几个兄弟姐妹，刘良看了之后都沉默不语，唯独到了甄洛这里，他说道："这个女孩子，长大后必定是大富大贵，甚至都已经超乎了你的想象"。

甄洛八岁的时候，有一天，街上锣鼓喧天甚是热闹，她的四个姐姐们都很兴奋地跑到自己的阁楼上，找一个好的位置观看。而甄洛却不去凑这个热闹。姐姐们很不理解，问她为什么不去看呢，她说道："一个女孩子家的，怎么能做这样抛头露面的事，岂不是让人笑话？"她的这几个姐姐听了之后，都很是惊诧。在她九岁的时候，就已经对书着迷了。在那个时代，人们都说"女子无才便是德"，在别人眼中认为，女儿家只知道操守和妇道便可以了，读书这种事并不是女孩子家做的事情，而当时的小甄洛却反其道而行。他的哥哥们见她拿着笔墨纸砚，都非常的吃惊说："你是一个女孩家，应该要做的是女红，怎么现在倒是读起书，写起字来了，你难道还要做一个女文豪不成。"

东汉末期，社会动荡不安，人们流离失所，甚至有些人家开始卖土地和首饰，就是为了能够得到一点果腹的粮食。而甄家在当时是一户富贵人家，于是他们就趁着这个机会用很少的钱将这些首饰收购。这个时候的甄洛才十岁，她对自己的母亲说："现在的局势早就不比往昔了，到处都是战乱，逃难的百姓也越来越多，正常的秩序也没有办法维持，而我们现在却趁着这个机会大肆购买一些珍贵宝物，这样一定会给我们带来祸患的。何况现在所有的人都疾苦贫穷，如果只有我们一家富有，你以为我们这样还能独善其身吗？依我看来，我们现在要做的便是开仓放粮，救济四方的百姓，以后在我们有什么灾难的时候，他们也会鼎力相助的。"

这些话从一个十岁的小女孩口中说出来，实在令人佩服。她的一番话惊醒了梦中人，她的母亲按照她说的那样，开仓放粮。她的大哥和二哥死得都比较早，于是，甄洛便帮助她的两个嫂嫂一起照顾她的侄儿们，这些事情传遍了乡里，赢得了很多人的赞美。

后来，袁绍也知道了甄洛这个人，于是就上门提亲，让她和自己的二儿子袁熙成了亲，他们成亲之后，袁熙去了幽州，而甄洛则是留在了邺都，照顾他们的母亲。

公元204年，曹操带兵攻占了邺都，曹操的二儿子曹丕听说在袁熙的家中还有一位貌美如花的老婆，于是带着自己的士兵来到了袁府，只看见在袁府的正堂上坐着一位上了年纪的妇人，而在她的旁边则是有一位女子害怕地趴在老妇人的膝盖上。曹丕见这个状况，便说明了此番的来意，来袁府就是为了执行曹操的命令，他们虽然赶走了袁绍，但是不会伤害袁家妇女的，所以请你们不用这么惊惶。而堂上坐着的那个老妇人便是袁绍的妻子刘夫人，刘夫人听曹丕这么说，心也就稍稍放下了，将跪着的甄洛扶起来拜见曹丕，曹丕立马被甄洛的美貌迷得神魂颠倒，于是回去告诉了曹操，曹操书信一封，便将甄洛许给了曹丕。甄洛和曹丕结婚之后，生下了一儿一女，也就是曹叡和东乡公主，曹操和他的妻子十分喜欢甄洛。

可是，娶了甄洛之后，曹丕还是跟着自己的父亲曹操东征西战，很少在家。家中只有一个年龄还小的曹植。曹植是一个比较聪明的人，在文学上颇有作为，他十岁的时候就能够提笔写诗赋了。家中，有了甄洛的陪伴，使得曹植的生活不再那么无聊，他们一起谈论诗书，过得好不快活。

公元220年，曹丕登基为帝，史称魏文帝，皇帝登基，后面就是册立皇后了。当时能和甄洛一争高下的就只有郭女王了，郭女王不但长得好看，人也比甄洛要年轻，要说唯一的缺点便是膝下没有儿子，于是，郭女王就拿曹叡来做文章，因为曹叡并不是足月出生的，所以，郭女王便污蔑甄洛在和曹丕成亲之前就有了孩子，而曹叡到底是谁的血脉，还有待证实。曹丕听了之后，便去质问甄洛，甄洛本就对郭女王不满，现在又遭到曹丕的质疑，于是心中怒火大发，指责曹丕竟然怀疑到自己的亲生儿子头上，真的是有损门风。这一句话惹的曹丕十分愤怒。所以在公元221年的时候，曹丕赐死了甄洛，转而立了郭女王为皇后。

甄洛死了之后，有一天，曹植进宫拜见自己的皇兄，曹丕便把甄洛生前喜欢的一个盘金镶玉枕头赏赐给了他。曹植看到这个枕头便想起来和甄洛在一起的快乐时光，心中免不了一阵感伤。在回来的路上，经过洛水，于是就在洛水的船上歇息，恍惚之间，曹植好像看到了甄洛朝着自己走过来，不知不觉中，曹植还说出了"我本有心相托"这句话。这句话惊得曹植醒来，才知道只不过是梦一场而已，于是便在这个昏黄的灯光下写出了一篇《感甄赋》，赋中，曹植将甄洛化作了洛河中的一位美丽的水神，对其抒发了埋藏在心里的爱慕之意。他这样写道："在返回的途中经过洛水，在这里和一位漂亮的洛水之神宓妃相遇相恋，虽然彼此都心生爱意，但最终因为人神殊途，不得不分开，徒留下一汪思念。"在他的这篇文章中，对甄洛的美貌的描写：翩若惊鸿，婉若游龙。荣曜秋菊，华茂春松。髣髴兮若轻云之蔽月，飘飖兮若流风之回雪。远而望之，皎若太阳升朝霞；迫而察之，灼若芙蕖出渌波。穠纤得衷，修短合度。肩若削成，腰如约素。延颈秀项，皓质呈露。芳泽无加，铅华弗御。云髻峨峨，修眉联娟。丹唇外朗，皓齿内鲜。明眸善睐，靥辅承权。瓌姿艳逸，仪静体闲。柔情绰态，媚于语言。

公元226年，魏文帝曹丕去世之后，甄洛的儿子曹叡登基为帝，史称为魏明帝。魏明帝登基之后，为他的母亲甄洛平冤昭雪，并且将她追封为"文昭皇后"。

## 祝融：武艺超群的刺美人

### 人物名片

祝融是罗贯中创作的中国古典历史题材小说《三国演义》中虚构的一个

人物，现存的正史资料中并没有相关的记载。据传说她本是火神祝融氏的后代，后来嫁给了南蛮王孟获为妻。她自幼习武，武艺高强，最擅长的是使用飞刀，是《三国演义》中唯一一位真正上过战场的女性。她与自己的夫君孟获一起抵抗蜀军的进攻，在两军阵前被赵云活捉，后来诸葛亮七擒七纵孟获，她便跟随自己的丈夫一起投降了蜀汉。

## 人物风云

蜀汉刚刚建立起来三年也就是公元225年，孟获在云南贵州地区发动了叛乱，对蜀汉后方的安全造成了严重的威胁。蜀汉的丞相诸葛亮率领大军南征，深入云贵地区，与孟获展开了激战。诸葛亮为了笼络人心，他对孟获欲擒故纵，与孟获立下赌约，诸葛亮说自己能够不费一兵一卒就将其抓获。孟获虽然作战勇猛，但毕竟是个武将，根本就不善心计，诸葛亮足智多谋，孟获怎么会是诸葛亮的对手呢，因此孟获每一次都会中计被擒，被擒后又一次次叫嚷着自己不服。于是诸葛亮就擒一次，放一次，来来回回折腾了五次，孟获还是不服，硬是厚着脸皮，和蜀军大战了一场。然而，诸葛亮知道孟获是个人才，于是他攻破三江城，直接逼到了孟获的大本营银坑洞。

这时候，孟获因为前面五次都被诸葛亮抓住，犹如惊弓之鸟，现在又被人逼到了家门口，当然就慌乱阵脚，苦于想不出应敌的对策，只好急得在桌前来回走动。忽然屏风后面一个人大笑着出来说："作为军中的将领，怎么不懂用兵之道呢？虽然我只是一个妇道人家，但是我愿意和你一起出战。"孟获抬头看着说话的人，是自己的妻子祝融。看到自己的夫人能够在强敌压境之时，慨然出马，与他一起上前线奋战，颇有英武之风，真就是一代女中豪杰。

这里提到的孟获夫人是"祝融氏的后人"，虽然是小说家的虚构，但也未必就是无稽之谈，它还是有一定的道理的。

战国中期，楚国的军队已经进驻云南，带队的将领名叫庄蹻。这位庄蹻就是楚国王室的支流子孙，也是祝融氏的后人。照此推算下去，那么祝融的祖先在周朝的时候就很可能已经进入了云南地区。此外，在西南的少数民族地区，并没有像汉族一样制定了男尊女卑的秩序，女子还是具有一定的地位。因此在中国的历史上，岭南和西南的少数民族地区，也出现了很多的女性将军。比如，南北朝时期的冼夫人就是其中的一位，她征战四方成了威名显赫的巾帼英雄。

古时候，一般女孩子强调的是温柔低调，上阵厮杀自然是被严格禁止的。然而在与诸葛亮的对战中，突然出现了一个英姿飒爽、威风凛凛的美女。出现的这名女子便是南蛮王孟获的妻子——祝融。

祝融夫人一出阵就披发跣足，身上穿着绛衣，背上插着五口飞刀，手中还拿着执丈八长标，乘骑一匹卷毛赤兔马，真可谓是杀气腾腾。和顶盔戴甲的汉军大将比起来，更是拥有一种专属于女性的大将风采；与温柔体贴曲裾高髻的汉家美女比起来，更是具有别样的风姿。前来迎战的蜀汉大将张嶷见了此人，虽然面上没有变化，但暗地里也不禁心生佩服。

接着，张嶷和祝融就开始了交锋。大战了几个回合之后，祝融骑着马就往回走。张嶷立即追过去，不料从空中落下一把飞刀。张嶷立即用手去挡，正好刺在他的左臂上，他一翻身掉下马，南蛮士兵一声呼喊就将张嶷绑走了。

后来蜀汉方面的大将马忠听说张嶷被抓走了，急忙带着军队前来救援。当他看到擒张嶷的劲敌祝融还在阵中，愤怒地冲上去与之交战，却一不留神乘骑的战马被南蛮士兵用计绊倒了。可怜的马忠不但跌了个嘴啃泥，而且也被生擒了。祝融旗开得胜，一次就生擒了蜀汉的两员大将，这也是自双方开战以来，南蛮军队首次能够擒获蜀汉的大将，孟获自然是乐得合不拢嘴，对自己的夫人敬佩得是五体投地。

事实上，祝融能够大获全胜，也不见得她武艺有多么的出类拔萃，她与张嶷等人对战，并没有占到上风。而且身上带的五口飞刀虽然能够"百发百中"，但也称不上杀伤力大的兵器。她最大的优势在于知道恰当地运用计谋。例如在与张嶷的对决中，她诈败而逃，然后又在张嶷的追逐中瞅准时机使用飞刀将其擒获，与马忠的对决中也是如此。她与马忠交手的时候，趁马忠不注意，命人用绳索将他的马绊倒，顺便将其活捉，这些都是"不以力胜，而以智胜"的例子。这在崇尚蛮横英勇的云南地区，尤其难得。

祝融为丈夫打胜了一仗，第二天又带着南蛮的军队再次出战。这一次，与她交手的是蜀军的大将赵云。赵云可以算是三国中一流的猛将，而且也善于使用"诈败"的把戏。诸葛亮被请出山后第一次立功就是火烧博望坡，那一次便是赵云去单挑夏侯惇诈败，然后将夏侯惇引进了圈套之中，最后再使用火攻，最终夺得了胜利。

两个都善于诈败的人进行对决，结果更令人难以想象，不过，相比之下祝融应该会比夏侯惇更聪明。因为两个人开始交战之后，赵云又一次假装败退，但是祝融并没有上当，她没有头脑发热地对敌人穷追不舍，而是与赵云周旋了一会，两个人都跑得气喘吁吁，最后祝融调转马头准备回营。看到她如此沉着冷静，甚至胜过无数男儿，赵云也不仅暗地里称赞。这一天的战斗，虽然双方谁都没有败退，但是赵云诈退一计失败，诸葛亮原本想让赵云引诱她追击到自己的埋伏圈之内，然后让埋伏好的士兵一齐出现，把她活捉。可是谁能想到祝融夫人如此谨慎，早就识破了他们的阴谋，偏偏不追你。这一仗，蜀汉军队的大将赵云和魏延两人不但没有得到任何好处，反倒成就了祝融连胜蜀汉两员大将的威名，纵观"三国"，其中能够同时让赵云和魏延二将败阵的，大概也只有祝融吧。

祝融虽然狡猾，但是遇到诸葛亮这位神机妙算之人，只能是小巫见大巫。诸葛亮面对蜀汉的两次失败一点都不着急。第三天，赵云又带着蜀汉的军队前来挑战。祝融带兵出来迎战。两人几乎是重现昨天的情景，双方先交锋了几个回合，赵云照旧诈败，祝融自然是不上当，调转马头往回走。

就在祝融即将收兵的时候，魏延又带领一队人冲了过来。但是，不同的是他没有上前去向祝融挑战，而是带领士兵们齐声辱骂。祝融毕竟是个女人，她能够接受他们的挑战，但忍受不了他们的辱骂，直接就追了过去，没想到魏延连打都不打，直接调转马头开溜。矜持了两天的祝融，这一次是真的发火了，丧失了自己的警惕，怒气冲冲地就向魏延逃跑的方向追了过去，一心想要把这个老不正经的男人捅下马来，然后将他的嘴彻底撕烂。魏延抱头鼠窜，直接骑马跑进一条僻静的小路。但是她没想到的是，诸葛亮早就带人埋伏在了这里，她刚刚拍马经过，就被猛然拉起的绊马索绊倒了。于是，祝融从马上翻倒下来，被马岱生擒。

不久之后，诸葛亮就"驱巨兽六破蛮兵，烧藤甲七擒孟获"，也就是历史上有名的七擒孟获，最后一次将孟获抓住，他输得心悦诚服，从此投诚蜀汉。七擒孟获，本是为表现诸葛亮的才智，但是祝融的出场，活灵活现地塑造了一位智勇双全而又不同于其他温柔女子的巾帼英雄形象，为那个战乱不断的时代演奏了一段另类而悦耳的音符。

## 徐夫人：智勇节烈的美女"棋手"

▶ 人物名片

徐夫人（生卒年不详），是三国著名的一位美女。她是三国时期东吴大将孙翊的妻子，她的著称并非单纯地依靠自己的美貌，更多的是依靠自己临危不乱的才智，在关键时刻能够冷静地作出判断。

▶ 人物风云

孙翊字叔弼，是孙坚的第三个儿子，也就是孙策和孙权的弟弟。孙氏之子世代为将，家风勇武，孙翊自然也不在话下。据记载，孙翊年纪轻轻就磨炼得一身高强的武艺，而且骁勇善战，待人处事果断刚毅，与他大哥孙策的风范颇有些相似之处。他的夫人徐氏，不仅人长得美，而且非常聪慧，最擅长占卜，然后从卦象中判断吉凶。

建安八年，也就是公元203年，当时的孙翊年仅二十岁，他要在家举行酒宴，款待从辖区内各县来的官员。据说在酒宴的前一天，他的妻子徐氏就为此次的酒宴卜了一卦，卦象显示了此次酒宴孙翊凶多吉少，因此她规劝孙翊改日再进行设宴。但孙翊嫌这样实在太麻烦，又觉得各县官员，有的人路途遥远，早些举行酒宴也好让他们早日回去。孙翊没有听取徐氏的警告，依然前往赴宴。

酒宴结束，他刚刚送完客人，正准备返回，身后有一个叫做边洪的人，史书记载是边鸿的随从，忽然拔出凶器，向孙翊砍了过去。这时候的孙翊已经因喝酒过多，有些醉了，再加上手上没有拿任何的兵器，根本就没有办法抵抗，被边洪当场杀死了。孙翊被杀，凶手也赶在救援到达之前逃之夭夭。此时群龙无首的丹阳郡呈现出一片混乱的景象，孙翊的部将和官吏们面面相觑，都不知道该如何办才好。

就在这样的情况下，一位美貌惊人的女子不慌不忙地站了出来，该女子便是孙翊的夫人徐氏，她看到丹阳郡的现状很是担忧，在丧夫的悲痛中强迫自己保持镇静。她用极其平静的口吻对众人说："边洪如此胆大妄为，竟然刺杀太守，诸位作为孙翊多年的部下，应该将此事调查清楚。希望你们能够立即发布公告缉拿凶手，我这里会拿出重金进行酬赏。"众人听完了徐夫人的话才幡然醒悟，立即派人前往各处进行搜捕。第二天就将边洪逮住了。

徐氏正要对边洪进行详细的审问时，却看到孙翊手下的一员大将妫览和郡丞戴员带着一大队士兵杀气腾腾冲了进来，然后他们就当着众人的面宣布："边洪刺杀太守，实在罪该万死！"随后，就将边洪杀死了。不久，妫览和戴员两个人便以整顿丹阳郡的局面为借口，将丹阳郡府的兵权和财权全部抓到了自己的手里，成为本地实力最为雄厚的一派。

孙翊的族兄孙河也在附近任职，听到孙翊被杀的消息，立即赶到了丹阳。来到之后他发现妫览和戴员已经将边洪处死了，不由得非常愤怒，呵斥他们没有将事情原委弄清楚就将凶手杀害，指责他们身为孙翊部下最重要的人居然疏忽失职，不仅不去追捕刺客的余党，反而在这里争权夺势，甚至怀疑他们就是幕后真凶。妫览和戴员见自己的奸计被识破，两人交换了一下眼色，继而抱定了一不做二不休的念头，拔刀上前，就把孙河也砍死了。然后妫览和戴员二人又带兵杀进孙翊的府邸，将他府里的财产全部劫掠，而且见到长得漂亮的丫鬟和侍妾，就被一个个地拉走了，他们这种行径简直就和强盗无异。徐氏躲在后堂，默默地看着府里发生的一切，突然心中豁然开朗，她全都明白了，原来杀害孙翊的幕后真凶就是妫览和戴员两个人。边洪只不过是他们买通的一个杀手而已，至于处斩边洪，不过是他们杀人灭口的把戏。

现在，他们连孙河都不放过，显然就是公然反叛，妫览和戴员已经和江东孙氏势不两立了。在这样的情况下，他们选择的靠山不是荆州的刘表就是中原的曹操，那么真的到了那一天，自己也只能是"我为鱼肉，人为刀俎"的战利品，甚至可能惨遭凌辱。想到这里徐夫人知道自己不能坐以待毙，必须想办法逃出去，但是到底应该怎么办呢？她聪慧的头脑急速地运转着。

徐夫人还没来得及多想，妫览就已经开始砸卧室的门了，同时在门外叫嚷道："夫人，开门，我是妫览，找夫人有要事商议。"徐氏没有办法，只得将房门打开。妫览提着刀就进了屋，望着年轻美貌的徐夫人，满脸带笑地对徐夫人说："太守已经被人杀害，夫人年纪轻轻更没有立身之处，我已经杀了边洪，为太守报了仇，夫人不如就跟了我吧。"

徐夫人瞥了一眼妫览，看着这个满脸横肉的将领，心中升起一计。她假装无奈地说道："事到如今，我一个弱女子也没有办法独活，丹阳的事情，就只能交托给将军管了。不过，先夫刚刚过世，尸骨未寒，我不忍心立刻操办喜事。至少先让我为夫戴孝一些时日，为他守几天灵，等到这个月的月底，正式祭祀过先夫的灵位后，我就除去孝服，答应与将军成亲可好？"花容月貌的徐夫人如此柔声恳求妫览，好色的妫览骨头早就酥了，听到徐夫人同意了，他连忙答应了徐夫人的要求。

妫览前脚刚刚出门，徐氏就派出几个心腹去打探城中的情况。据说那时候的丹阳城已经乱作一团，孙翊的部下大多数都知道真正的凶手就是妫览和戴员，但他们两个人手握重兵，众人也拿他们没有办法。甚至还有传言说，妫览已经跟曹操进行了联络，准备将整个丹阳郡献给曹操。

徐氏听完了家人的报告，沉思一下，命人将孙翊的部下傅婴和孙高秘密请来了。她曾经听丈夫说过这二人是他最信得过的人。傅婴、孙高二人一进到府中，徐氏就含泪向他们下拜，并且言辞恳切地将自己的请求说了出来。她说孙翊在世时经常夸赞他们两位将军的忠勇。如今，丹阳郡面临着巨大危险，只能请他们帮忙。傅婴和孙高听到徐夫人这番话，感到一位女子都有如此胸襟，那么保护丹阳郡的安危自然责无旁贷。徐夫人又将妫览和戴员的卑鄙行径向傅婴和孙高说了一遍，同时真诚地向他们二人求援。傅婴和孙高相互看了一眼，坚定地说："夫人严重了，您只需要告诉我们该怎么做就行。"

徐夫人见傅婴和孙高已经答应了，就把自己的计划说了出来。她告诉傅婴和孙高，为了拖延时间，已经假装答应了妫览的求亲，时间就定在本月月底，因此在这段时间内傅婴和孙高要召集起来一些志同道合的勇士，婚礼当天在后堂埋伏。等到妫览前来迎娶的时候，听到她的号令，就立刻冲出来将他杀了。徐夫人知道这件事情事关重大，他提醒傅婴和孙高一定要选择一些可靠的人，同时将这件事情立刻报告给主公，让他派大军前来援助。"

傅婴和孙高听了徐夫人如此缜密的计划，满口答应了。他们秘密离开太守府后，一面派人给孙权送信，向他报告丹阳郡的情况；一面开始联络了二十多个可靠的勇士，大家歃血盟誓，立志要为孙翊报仇。

府中的仆人继续为死去的孙翊哀伤，转眼一看，发现平日里贤惠的夫人竟然打扮得花枝招展，很多人都感到诧异。甚至还有人在背后骂她是水性杨花的女人。徐夫人对这些流言蜚语毫不在意，她一边安排酒宴，一边命人前去请妫览，告诉他自己已经为太守祭奠完毕，请他前来成亲。

妫览得到徐氏的邀请，十分惊喜。但他毕竟是个奸诈小人，哪敢轻信别人。他一面托词假装安慰徐夫人，一面派心腹去调查徐夫人最近的情况。直到派去的人回来报告了徐夫人最近的举动，妫览认为合情合理，没有什么异常，这才放下心来，换上漂亮的衣服，喜滋滋地前往太守府成亲。

色迷心窍的妫览一直做着当新郎官的春梦，可是刚进太守府的内室，早已埋伏在那里的孙高和傅婴就将他杀死了，接着，等在那里的勇士们也都冲了出来，将等在外间的戴员也给杀了。大局初定，徐夫人为自己的丈夫报了仇，再次换上了孝服，拿着妫览和戴员的人头去祭祀孙翊的灵魂。

在所有的三国美女中，徐夫人可以算是最为智勇节烈的一位。在自己的夫君被奸人害死、妫览逼亲的紧要当头，她既没有含辱屈从，更没有像普通刚烈女子那样以死相抗。相反，她保持了临危不乱的状态，对当下的局势迅速作出了判断，更以自己的智慧，努力争取时间，安排一个两全的计策，不但让自己的贞洁和生命得以保全，还亲自手刃叛将，为自己的夫君报了仇。

# 卞夫人：三国第一尊夫人

> 人物名片

魏武宣皇后卞氏（159—230），琅琊开阳（今山东临沂）人，是魏武帝曹操的正室妻子，魏文帝曹丕、陈思王曹植、任城威王曹彰和萧怀王曹熊的生母。原本出生于倡家，也就是汉代专门从事音乐歌舞的乐人家庭。建安初年的时候，丁夫人被废，卞夫人就成了曹操的正妻，曹丕继位之后就封她为汉代的皇太后，到了曹叡继位，她又被尊为太皇太后。卞后在太和四年去世，与魏武帝曹操在高陵合葬。

> 人物风云

三国中提到的女人不算很多，其中最为尊贵的女人应当算是曹操的妻子——卞夫人。她不但从始至终陪伴着曹操，最终获得了魏王后的身份，而且曹操死后，魏国建立起来，她被尊为了三国时代的第一位皇太后。卞夫人本是山东琅琊人。汉灵帝光和二年，也就是公元179年的时候，卞夫人遇到了她生命中的贵人——曹操。同一年，虚岁二十的卞夫人在谯郡嫁予了曹操为妻。

那时候的曹操只有二十五岁，却已经威名远扬。当时的他担任洛阳的北部尉，对于他用五色棒活活打死当权太监蹇硕的叔叔的事情，人人传诵。后来曹操又担任了顿丘令，可以算是一位比较优秀的青年官员。

但是卞夫人开始嫁给曹操的时候，只不过做了一个侧室，他的正妻丁夫人对卞夫人十分严厉，常常刻意刁难她，但是卞夫人从来都不会因此怀恨，总是将自己的位置摆得很正，对曹操也尽心侍奉，对丁夫人还是保持着一种尊敬的态度。豪迈不羁的曹操也确实对卞夫人很好，他从不会因世俗的偏见而怠慢了卞夫人，他虽然生性好色，但是他还是将自己更多的柔情贯注到了卞夫人的身上。

中平四年是曹操和卞夫人婚后的第九年，卞夫人在谯郡生下了她的第一个儿子，也就是未来的魏文帝曹丕。曹丕的出生也有一个传说，据说当时一团青色的云气如同车盖一样在他头上笼罩了整整一天，后来看相的人瞅着这团云气，都说那是一种"至贵的兆头"，并且还说它"非人臣之气"。换句话说就是曹丕以后要当皇帝，不管算命先生说的话能不能应验，总之有了自己的儿子，卞夫人非常高兴。

因为卞夫人一贯的温婉体贴，到了第二年，曹操就被朝廷起用为典军校尉，常年留在京城做官，这时候他将丁夫人留在了老家看守，而让卞夫人跟随到了洛阳。就当时的等级观念如此森严，卞夫人以一个侧室的身份能够随夫上京做官也算得上是很大的荣耀。

到了中平六年，汉灵帝病死。朝廷爆发了一场不可避免的争斗。外戚大臣何进企图将盘踞宫廷的太监们全部消灭，但因为他瞻前顾后的性格，最终反而被太监们杀害。何进手下的大将袁绍带兵冲入皇宫，将宫内的太监杀得尸横遍野，而此时西凉的大军阀董卓也不含糊，趁着混乱，带军进京把持了朝政。

董卓把持朝政之后，他看曹操是个人才，希望能够为己所用，于是他封曹操为骁骑校尉。但曹操看出了他的野心，并不愿意和这个暴虐嚣张的土霸王一起做事。于是他丢下自己的部属和家眷，化装改名逃离了洛阳。

曹操的逃离让曹府顿时慌乱成一片，曹府陷入了树倒猢狲散的境地。有些幕僚和家将还说曹操已经让人害死，都在谋划着如何才能分得更多的家产，以便逃离这里。这时候虚岁刚满三十的卞夫人挺身而出对着众人大声呵斥，说曹操现在生死不明，不能就这样散乱，如果曹操还活着，那么大家一定会让曹操失望。卞夫人看着众人的脸上表情的变化，继续从容而坚定地说："大祸临头，大伙儿不能背信弃义，我们应当齐心协力帮助曹将军共渡难关，大不了就是一死。可是我们为忠义而死，那也是死而无憾啊！"几句慷慨激昂，铿锵有力的话语，让众人皆是一愣，她一个手无缚鸡之力的女子竟能够有如此的胸怀，相比之下，那些吵嚷着要逃离的幕僚和家将即使还存有贪生怕死的念头，再也没脸说出来了。最终在卞夫人的努力下，曹操麾下的这一支队伍才得以保全。后来，曹操和袁绍等关东诸侯一起起兵对董卓的卑劣行径进行讨伐，致使董卓火烧洛阳，然后将都城迁到长安。在如此动乱的局势下，卞夫人留下来的那部分曹府人马将曹操的家眷护送到了曹操那里。

曹操得知了整个事情的前因后果，不禁对卞夫人刮目相看，他没有想到一个温婉体贴的小女人，竟然还有这样的胆识和见识，实在难得。从此，卞夫人就在曹府的众多女人中，占据了仅次于丁夫人的第二把交椅。一直到公元二世纪末的时候，丁夫人和曹操因曹昂的事情闹翻，曹操一怒之下将丁夫人休了，而卞夫人理所当然地被继立为曹操的正妻。

后来，丁夫人去世之后，卞氏又向曹操请求为丁夫人办丧礼，将她安葬在许都的城南。

曹操看到卞夫人如此宽宏大度，非常欣赏，这使得她在曹府的地位更是锦上添花。后来曹操更是把府中的事物都交由她打理。在曹操的一生中，总共娶了十多个夫人，前后生了有二十多个儿子，其中有的夫人死得早，曹操就会将那些失去母亲的孤儿，带来让卞夫人抚养。卞夫人自己也一口气生了曹丕、曹彰、曹植和曹熊四个儿子，再加上那些由自己抚养长大的孩子们，她在曹府中的地位也就更加地稳固了。

卞夫人所处的形势一片大好，但她并未自鸣得意，反而是更加内敛，做事更加低调。她自幼家境就不是很好，因而养成了她生活朴素的办事作风，从来都不喜欢太华丽的排场，也不喜欢器物上雕有秀美的花纹或太多的珠宝玉器。她的日常用品，从来都是简单地漆成黑色，不会太铺张。卞夫人还考虑到国家财政的困难，主动做出了勤俭的榜样，她将自己每顿饭的费用减去，把全部的金银器皿都撤掉，勤俭持家。甚至连她左右的仆人，很久才会吃得上荤菜。

建安二十二年，也就是公元217年，曹丕被立为魏国的太子，在那个母凭子贵的年代，朝中上下都向卞夫人朝贺，并且暗暗的提醒卞夫人，她的儿子既然已经被封为太子，这也算是天下的一件大喜事，她应该多拿出一些财物来赏赐下人们。

卞夫人因为平时节俭惯了，听到这些话就不乐意了。她很严肃地告诉大家曹丕之所以被立为太子，是因为他是曹操年龄最大的儿子，这说明曹丕在为人和品行上还没有太大的毛病，也证明她对孩子日常的教导只是合格而已，没有什么可以赏赐的。

到了建安二十四年，卞夫人在六十岁的时候被封为了魏国的王后。第二年的春天，曹操就病逝了，随即曹丕继位，六十一岁的卞夫人理所当然地成为王太后。同年的冬天，曹丕在众人的帮助下逼迫汉献帝禅位，最终以魏取代了汉朝，成了魏国的皇帝。卞夫人也因此连升三级，直接成了魏国的皇太后。她也是三国时代第一位地位尊贵的女人。

卞夫人做了皇太后，并没有因此感到快乐，即使地位再高，也弥补不了和她相伴数十年的夫君曹操去世的伤痛，而且刚刚继位的儿子曹丕显然并不具备他父亲那种掌控大局的王者气度。他的几个兄弟也被他相继猜疑和打压，整个朝廷弥漫在一种压抑的气氛当中。

曹丕在做了皇帝以后，权利也不断膨胀，为了巩固自己的皇权，他丧心病狂地对自己的兄弟加紧迫害，而被受迫害的一方则是诚惶诚恐，无力挣扎。卞太后作为他们的母亲却无能为力，只能站在一旁眼睁睁地看着这一切，默默地流泪，独自承受。

根据《魏略》中的记载，曹植有一次来魏国的都城向皇上"请罪"，曹丕竟然派人将其拦住，不让他进城相见。卞太后几天都没有等到曹植的消息，就以为曹植被曹丕逼迫自杀了，便一直对着曹丕哭泣。可是过了一阵，当她看到自己的儿子曹植顶着刑具来到殿下请罪的时候，卞太后这才感到欢喜。母子俩虽同喜，但喜得却不同。卞太后喜得是他的儿子居然还活着，曹丕喜得恐怕是看到弟弟这副狼狈的样子而幸灾乐祸吧。所以，曹植虽然活着来了，曹丕依然对他冷着面孔，而且不准许他穿戴鞋帽。曹植没有办法，只能是跪伏在地上哭着向坐在皇位上的兄弟请罪，太后看到他们这样的情景，非常抑郁，最终曹丕顾及卞太后的感受，才让曹植换上了诸侯王的衣服。后来卞太后知道了曹植的所作所为，只是命人告诉皇上不要因为顾及她就将国家的律法废了。事实上她的意思也就是说，曹植如果真有罪，那么也就随皇上处置了。

精明的卞夫人被夹在自己的亲人中间左右为难，但是她并不会因为自己的私情就让当今的皇上为难。曹操在位的时候，她知道自己的夫君做事颇有分寸，能够拿捏得准大局。因此，每次曹操进行审判之前，她都会大着胆子为亲属们求情。但是初登帝位的曹丕为人还比较轻浮，再加上辈分问题，卞家的那些亲戚们有时候就会作威作福。这时候，卞夫人就会亲自出面掌控大局，尽量让自己的亲戚少给儿子添麻烦。如此果断英明的一名女子，在古代的历史上确实少见。

太和四年五月，也就是公元230年，太皇太后卞氏去世，享年七十一岁。同年七月的时候，皇上曹叡将她与曹操合葬在高陵，使她与已经分别十年的夫君曹操终于又团聚了。

## 张春华：司马懿的绝配搭档

### 人物名片

张春华（189—247），河内平皋（今河南温县）人，是晋宣帝司马懿的妻子，西晋的宣穆皇后，也是晋景帝司马师和晋文帝司马昭的母亲。西晋皇后的封号是后来追封的。

### 人物风云

司马懿曾经被"厚黑教主"李宗吾评价说他是："脸皮之厚，不下刘备，心肠之黑，仿佛曹操。"因此，最终三分天下的局势被统一，坐收渔翁之利的人就是司马懿。还是那句俗话，一个成功的男人背后必定有一个成功的女人，那么这样一个"鹰视狼顾"的枭雄人物，背后支持者就是他的老婆——张春华。

张春华出生于河内平皋，她的父亲叫张汪，母亲是山氏，也就是后来出现的"竹林七贤"之一的山涛的姑奶奶。张春华出生那一年，汉灵帝驾崩，汉朝朝中随之就爆发了历史上有名的十常侍之乱，大将军何进被奸臣杀害，袁绍带兵将宫中的宦官杀尽，西凉的董卓进京谋反等。总之，这一年成为汉朝开始分崩离析的一年，在后世的历史记载和文学作品中，也被称为是三国乱世的开端。张春华出生在这样的一个年代，也许就是注定的吧，百年后，她的子孙又将这场纷乱了结，实现了三分归一统的梦想，这也许就是历史的巧合。

张春华嫁给了一个比自己大十岁的男人——司马懿，司马懿才能出众，而且胸怀大志，注定不会甘于平庸。但那个时候，面对群雄纷争的乱世局面，司马懿对自己真正的志向是什么，或者自己该如何忧天下都还没有弄明白。而他的妻子张春华，也和普通女子一样，只不过受过一些教育而已，司马懿并没有感觉出自己的妻子与其他女人相比有什么出奇的地方。

但就是这样一个普通的女子，最终帮助自己的夫君成就了大业。公元3世纪初的某一天，司马懿得益于自己的才华，被曹操征召去做了官。但是司马懿内心并不想与曹操为伍，于是就自称得了风瘫，但是曹操并不相信他的话，爱才如命的行事作风是绝对不允许他放过这样一位才子的。于是，曹操竟然派出了间谍，连夜跑到司马懿的家中进行打探，看他究竟是不是真的患有风瘫之疾。

司马懿当然不可能料到曹操会派出间谍来证实他言论的真假，可是恰好在间谍到来的那一时刻，司马懿真的老老实实地躺在床上，一动不动。因为他知道，曹操性格多疑，他一定不会完全相信自己的话，而且当面一套背后一套的做法，是很容易露馅的。既然已经说自己有病，那就装个彻底吧。于是他便将自己当做一个真正的风瘫病人，每日每夜像木头一样瘫痪在床上。时间长了，竟然连他府中的仆人和丫鬟，也以为司马懿是真的瘫患了。二十多岁的司马懿将五十岁的曹操给骗过去了。

司马懿出生于名门大族，家中自然有很多藏书，并且对自己的藏书也无比宝贝。有一天，外面风和日丽，阳光绚烂。司马懿躺在床上招呼进来一个婢女，叫她将自己的藏书搬到院子里，把它们一本本摊开晒晒太阳，去去书上的霉气。

婢女听了自己主子的话，就把藏书全部摊开放在屋外晾晒，然后就去忙自己的事情去了。谁知天有不测风云，没过多久竟然飘过来一团阴云，瞬时间冷风骤起，眼看一场暴雨就要降临。这下司马懿可慌了神，他那些宝贵的藏书要是被雨淋湿，那造成的损失可就大了。一贯小心谨慎的司马懿此时已经忘记了自己的风瘫之症，慌忙从床榻上跳起来，直接飞奔到屋外，赶紧收拾自己的书。正在冒雨收书的司马懿好像想起来什么，猛一抬头就发现刚刚晒书的婢女惊愕地站在一边，愣愣地看着这个长时间"瘫痪"在床的老爷。一瞬间，司马懿竟然不知道该做什么，如遭雷击一般蠢立在院子里，而那个婢女也是一脸古怪的神情。愣了一会儿后，司马懿笑着对那名婢女说："千万不许说出去啊。"婢女连忙点头称是，赶紧转身往外走。就在这时，司马懿的夫人张春华走了过来。她看着婢女慌慌张张的样子，心下了然，她故作关心地问婢女怎么了，婢女听到夫人问话，连忙禀报说司马懿自己在收书。

张春华嘴角笑了笑，略带惊奇地说道："他不是风瘫了吗？"边说边向婢女走去。婢女回答说："是呀，他明明……"话还没有说完，张春华就掏出了一柄锋利的匕首戳进了婢女的胸膛。婢女不敢相信地瞪大眼睛，然后缓缓地倒在地上。

张春华目睹自己所做的一切，并没有显现出任何不安的表情。她担心这名知晓秘密的婢女最终将司马懿装病的实情泄露出去，为他们招来杀身大祸，因此只能抢先一步，将婢女杀人灭口。司马懿看着昔日温柔的妻子如此当机立断，心狠手辣，不经也被吓得目瞪口呆。

张春华的这一刀，让司马懿也改变了对她的看法，从此对她刮目相看，更加敬重。当然，除了敬重之外，想必多少也会有些"畏惧"的成分在里面吧。

后来，司马懿在仕途上越来越顺，官爵也是越来越大。按常理来说，夫贵妇荣，张春华应该高兴才是，但是司马懿随着官位的不断高升，他也娶了好几个妾侍。尤其是其中的柏氏，不仅容颜美丽，而且性情乖巧，最受司马懿的宠爱。两个人恨不得天天黏在一起。面对丈夫的三心二意，即使再彪悍的女人，心里也会希望自己能够得到丈夫的体贴关怀。但她是一个坚强的女人，她努力控制着自己的感情，尽量让自己不去为这些事争风吃醋。她生下的司马昭、司马师和司马干等几个儿子个个聪明伶俐,都是司马懿最为喜爱的几个孩子。

  有一次司马懿生病,张春华虽然心里对丈夫的薄幸有些恨恼,但毕竟是夫妻一场,一日夫妻百日恩。于是她亲手做了几个羹汤,端到了司马懿的卧室去看望他。司马懿病恹恹地躺在床上,心情极其烦躁。正巧此时看见年老色衰的张春华进来,恼怒之感顿时变得更加厉害,想也没想直接大手一挥,不耐烦得命令张春华出去。张春华见他这样,当啷一声,将手中的碗掉落在地上。看到他如此恶劣的态度,她强忍住眼中的泪水,掉头就走回了自己的房间。回房之后,她放声大哭,眼泪都淋湿了衣襟。

  哭过之后,张春华回想着这些年的往事,想到自己这么多年帮助他成就大事,到头来却落得如此下场。因此她越想越悲愤。张春华开始绝食,不再理府中的事宜,不久之后整个司马府就鸡飞狗跳,乱作了一团。张春华的几个孩子看见母亲已经绝食几天,自然是非常紧张,刚开始还纷纷前来劝慰母亲,但是她躺在床上不但不听,好像还抱定了必死的决心。

  几个孩子互相看了一眼,司马师作为大哥见劝慰母亲没用,便用非常低沉的声音告诉母亲,他们要陪母亲一起绝食。

  司马懿看到自己几个最宠爱的儿子也开始绝食,立即慌了神。他也顾不得养病了,赶紧从床上爬了起来,一会跑去看看这个,一会还得去劝劝那个,到最后他终于找到了问题的解决办法,那就是只要母亲不吃饭,他们就不吃。司马懿没有办法,只能厚着脸皮,来到张春华的房间去谢罪,请求张春华的原谅。起初张春华不肯原谅司马懿,见他前来直接侧过身子不再面对他。

  尽管张春华心里十分怨恨司马懿,但是司马懿毕竟是她的丈夫,而且司马懿一直死皮赖脸地请求原谅,一阵软磨硬泡之下,张春华竟然真得回心转意了。司马懿的几个儿子也开始吃喝了。司马懿看到自己的努力终于得到了回报,不仅擦着自己额头上的冷汗,继续回到自己的病榻上了。

  这场闹剧就这样落幕了,用现在的眼光来看,张春华绝食事实上就是母子连心,给司马懿施加了一点压力。几个聪明的儿子当然明白这件事情是父亲错了。但在那个男尊女卑的封建时代，儿子不能直接对自己的父亲进行指责。因此，他们只能选择了绝食这种看似极端的方式，来表达自己的态度。司马懿当然知道他们心中的想法，但是在权衡了利弊之后，他只能暂时放弃了自己喜新厌旧的脾气，为了儿子先放下自己的身段，去安抚自己年老色衰的妻子。

张春华就在这样的环境中过完了自己的后半生，自己的老公虽然无情，但儿子们都非常孝顺，这也给她带来了不少的安慰。魏正始八年，也就是公元247年，张春华去世，享年五十九岁，被安葬在洛阳的高原陵，被朝廷追赠为广平县君。到了第二年，也就是嘉平元年的时候，司马懿就发动了政变，将曹爽诛灭，从此独揽大权，嘉平三年司马懿也去世了。这对曾经打打闹闹的夫妻，三年间相继去世，倒是恰好印证了"奈何桥上等三年"的口号。

魏元帝咸熙元年，也就是公元264年，司马昭被册封为晋王，父亲司马懿被加封追号为"宣王"，母亲张春华也被追封号为"宣穆妃"。一直到司马昭的儿子司马炎篡位受禅之后，他才将自己的爷爷司马懿改称为"宣帝"，奶奶张春华则被追封为"宣穆皇后"。这个曾经被自己的老公嫌弃的彪悍女子，终于在自己的儿孙身上实现了让她夸耀后世的尊贵地位。

# 辅国谋臣——奇谋异策安天下

## 许攸：官渡之战的关键人物

### 人物名片

许攸（？—204），字子远，南阳（今河南南阳）人。许攸原本是袁绍帐下的一名谋士，但是在官渡之战的时候，他的家人因为犯了法而被袁绍逮捕，正因为这样，许攸背叛了袁绍，转而投靠在了曹操的帐下，并且给曹操设下夜袭袁绍军粮的计策，袁绍大败。后来他又帮助曹操平定了冀州，功劳越来越大，许攸便仗着自己有功，不把其他人放在眼里，最后因为触怒了曹操而被杀。

### 人物风云

许攸原先是袁绍帐下的一名谋士。在官渡之战中，袁绍的十万大军和曹操的军队进入了相持阶段，曹操长时间的坚守官渡城，导致军粮越来越少，军力也慢慢地疲惫下来，所以曹操赶忙派遣使者去许都求救，希望能够置办一些粮草。这个使者半路被许攸拦了下来，曹操的现状也就尽在掌握之中了。许攸得此重要情报，就给袁绍出谋划策，分析了曹军现在的情况，曹操和我们相持了这么长时间，许都一定会空虚无人，如果拿出一部分的兵力，突袭许都，就会轻而易举地拿下，还可以抓到曹操。可以这么说，当初袁绍如果听从了许攸的话，那么官渡之战将会是另一个结局，而曹操面临的也就是全军覆没。

可惜，袁绍本身就是一个多疑之人，又自以为是，这封书信在袁绍看来，就是曹操的一个诱敌之计。更加离谱的是，因为许攸和曹操在年少的时候曾经是好朋友，这使得袁绍怀疑许攸可能已经暗中投靠了曹操，这封书信就是他们串通好，引他上钩的。

袁绍仅凭自己的猜测就想把许攸给杀了。许攸知道后，感叹袁绍不能有所作为，自己原本是一个忠臣，却被扣上了叛贼的帽子，心里更是不舒服，再加上，许攸的家人被袁绍拘禁起来，许攸一气之下便要拔剑自刎，但是转而一想自己的才华还没有施展，不能就这样死去。于是，许攸收拾好自己的行李，投奔到了曹操的大营。

这个时候，曹操正躺在床上为自己的粮草发愁，忽然听到下人来报，说是曹操的故人许攸来了。曹操听了之后，从床上很快地爬起来，就这么光着脚跑出去了。看到许攸，曹操心里也是犯嘀咕，两个人寒暄了一下，进了曹操的营帐。

坐下之后，曹操就问许攸："这么远过来，一定是有什么事情吧？"

而许攸因为不知道曹操心中所想，所以也就没有明说，只是问："你现在还有军粮吗？"

曹操说道："一年足以。"

许攸说："不是吧，再说。"

曹操又答："半年足够。"

就这样，两相试探，曹操就是不说实话，许攸说道："曹公，你不用瞒我，你现在的粮食只剩此月的份量了。"说着拿出截来的书信，递给了曹操。

曹操大惊，问："这封信你从哪来的？"

许攸将事情经过告诉了曹操，唯独没有说他被袁绍给赶出来了，曹操一听自己的计划败露了，于是赶紧给许攸叩头，请他想想办法。许攸说道："不用急，我的计策，袁绍不相信并没有实施。"随后又说："你没有粮食，但是袁绍有啊，他的粮食都在乌巢一带。那里的守卫并不严谨，你只要派少许人前去将他的粮草烧了即可。如果在路上碰到袁绍的部下，您就说是蒋奇的人马，要去乌巢保护军粮的。"曹操听了这话感激不尽，连忙召集将士，除了荀彧和贾诩之外，其他的武将们都不同意这个做法，认为可能有诈。

最后，曹操决定还是铤而走险。

这一次，曹操亲自带领着大军前往乌巢，将其一举拿下，并且还把袁绍的粮草用火烧个精光，曹操还抓了乌巢的守将淳于琼，割掉了他的鼻子。

淳于琼和曹操也是旧识。于是他对曹操请求道："曹公，现在我在你的手上，这或许就是天意吧。现在我被你的手下砍去了鼻子，已经生不如死。看在我们俩过去的情分上，你就放了我吧。"

曹操转身问许攸："要不要放他。"

曹操一向是一个奸诈之人，总会将问题丢给别人，杀与不杀都是别人的责任。就像当时曹操问刘备要不要将吕布杀掉。而刘备支支吾吾说了一大堆，还是一个字：杀。最后，气得吕布破口大骂，说刘备是一个说话不算数的小人。

而这一次，许攸和淳于琼在汉献帝的问题上产生隔阂，早就想把他处之而后快了，但是许攸也不明说。只是轻吟了两句诗："明旦鉴于镜，此益不忘人。"意思也就是说，如果不杀他，等他明天起来照镜子时，便会想起今天的耻辱，这样就给自己留下后患了。曹操一听，觉得十分有道理，于是立刻命令手下，将淳于琼给杀了。没过几天，官渡之战结束。

在这次战役中，胜负的关键就在于许攸一人身上。如果没有许攸，那么曹操的性命难保。或许曹操的胜利，袁绍也有很大的功劳，如果当时袁绍没有怀疑许攸，那么将由谁来决定曹操的去留呢？

就这样，曹操的帐下多了一位名叫许攸的谋士。这次战役胜利的最根本的原因，就是许攸太了解袁绍的性格了。他给曹操的建议是兵分八路，速战速决，首先攻打邺郡，然后拿下冀州，干净利落，一气呵成。

袁绍的都城就是冀州，冀州城护城河宽，城墙高不说，兵力也不少。在攻打冀州的时候，有很长一段时间，曹军都没有什么进展。最后还是许攸出了一个主意，将漳河掘开，用水淹冀州的方法拿下了冀州。这个时候，袁绍已经死去，他的儿子袁尚则是逃亡了。

攻下了吕布，曹操得到了州郡。拿下了袁绍，曹操则是得到天下。诸葛亮曾经这样说许攸："这件事情并非是天时促成，而是人的谋略啊。"人的谋略也就是指的许攸。而经过官渡之战以后，许攸渐渐地自大起来。他以为自己是曹操的救命恩人，怎么说也会对他另眼相看。

许攸很是骄傲自满，就等待着曹操的"倾心回报"了。但是无论许攸在这次战役中的功劳有多大，他必定不能和在曹操身边多年的荀彧和荀攸等人相比，曹操对他们的感情和信任也要比许攸多得多。这也致使许攸是找尽了机会表现自己，让一向聪明的许攸忘却了曹操的为人，最终让自己丢了性命。

他只是一味地想要表现自己的功劳甚大，忘记了曹操所追崇的一句话："哪怕是我负了天下人，也绝不容许天下人负我。"

有一次，曹操带着众人进冀州的时候，许攸一看表现的机会来了，便说："曹公，你可知道，如果没有我，你能进得了冀州吗。"曹操则是皮笑肉不笑地说了一句："这可全都是你的功劳啊。"这句话说出来，许攸是高兴了，但是曹操身后的将士却发怒了。

这天，许攸和曹操的另一位大将许褚碰上了，许攸一向瞧不起武将，认为他们只会逞匹夫之勇，但是为了显摆自己的功绩，他还是上前说话了。

但是许褚是什么人啊，哪有什么闲心听他讲这些，于是他生气地训斥许攸："我们众将士身经百战，经历了多少生死，受了多少伤，才将这城池拿下，这哪是你的功劳。"

许攸一听不乐意了说："你只是一介武夫，如果不是我出谋划策，你能拿下？你有什么本事。"

许褚说："别的本事我没有，但是杀你一个人的本事我还是有的。"

说罢，许褚拔出自己的佩剑就将许攸杀死了，然后带着许攸的头颅去见了曹操。

丞相，许攸他对你不敬，我就先斩后奏，把他给杀了。

曹操刚看到的时候，吓了一跳。但随后便稳定下来了，心中也是十分得意：这个许攸仗着帮我赢得了官渡之战，天天显摆不说，还依着我和他是旧识到处张扬。这个许褚，做得好啊！

但想归想，面上还是要做一做的，于是摆出一副惜才的样子，说："这么一个有才能的人，死了可惜，许褚，你说你怎么能把他杀了呢，他可是我的旧识啊。"

实际上，这件事情，很可能就是曹操私底下授意的。试想一下，依照曹操的为人，如果没有他的暗许，谁敢将他手下有功的大臣杀掉呢。如今，曹操已经得到了天下，许攸也就失去了他的价值，如果许攸是一个低调之人，或许还可以保住一命，只可惜，明知老虎不好惹，还偏要上去拔胡子，真的是自寻死路啊！

## 荀彧：曹操帐下的首席谋臣

### 人物名片

荀彧（163—212），字文若，颍川郡颍阴（今河南许昌）人。荀彧是曹操帐下的第一谋臣，他也是东汉末年杰出的军事家、战略家，曹操称他为"吾之子房"。谥号为敬侯。荀彧在世的时候官至尚书令，把持着大权十几年，因此也被人"荀令君"。

### 人物风云

公元189，董卓废除了当时的汉室皇帝刘辩，而改立刘协为汉献帝，当时年仅二十六岁的荀彧看到董卓把持朝政，自立为相，于是他便辞去了守宫令的职务，回家务农去了。荀彧回到了自己的家乡，待了没有多久，他就发现自己的家乡处在中原，是一个兵家必争之地，如果将来有什么战事，肯定会牵涉其中，于是，他想着应该另寻一个地方才是。正好这个时候，冀州牧韩馥是他的老乡，韩馥派人想请荀彧搬往冀州去，就这样，荀彧和自己的宗族迁往了冀州。

没想到，荀彧刚来冀州没有多长时间，冀州的主人就换成了袁绍。袁绍看到荀彧，将他看作是自己的上宾。但是在荀彧看来，袁绍并不能成就大器，甚至还可能出卖大汉朝，所以，并不是一个可依靠之人。

那时，曹操正在兖州招揽天下能人异士。荀彧便带着自己的侄子荀攸投靠在了曹操的帐下，而他这个做叔叔的竟然比自己的侄子小六岁。

荀彧加入曹营之后，所做的首要事情便是给曹操举荐人才，或许会有人说，就算没有荀彧的举荐，这些有才之士也可能投靠曹营的，但是，荀彧将这种可能变成了肯定，他的举荐让程昱、司马懿、郭嘉等将才来到了曹操的身边。而曹操并非是什么王公贵族，并没有什么靠山，助他成就霸业的资本无非就是荀彧为他网罗的这些人才。

那个时候的曹操一点根基都没有，大部分的事情还需要仰仗袁绍的支持。荀彧选择了曹操，无非是拿着自己的脑袋去冒这个风险。但是荀彧的这个选择确实决定了曹操以后的成就。荀彧的加入，让曹操逐渐有了自己的势力，而袁绍的实力却在一步步的削弱。或许，那时的袁绍并没有想到，十几年之后，给自己带来灭顶之灾的就是这个不起眼的荀彧。

荀彧加入曹营的时候，曹操除了受袁绍限制之外，他还有许多强敌需要面对，比如：刘备、孙权、董卓等。

对于曹操来说，他所面临的形势比较复杂，也比较凶险。这些人当中，曹操的实力可谓是最不起眼的。当时如果不是袁绍没有把握住机会，刘表选择按兵不动，吕布自大狂傲等因素，任何一方势力，就能够将曹操的势力扼杀在摇篮中。

公元194年，曹操以给自己的父亲报仇为名攻打徐州。吕布则是趁机勾结曹操帐下的张邈等人想要夺取兖州。而在兖州把守的荀彧早就看穿了张邈叛变的把戏。他一面安抚着吕布，一面派人去搬救兵。

但是，正在这个时候，豫州刺史郭贡又带着几万人马包围了兖州，要求见荀彧。谁也不知道郭贡的意图，但是如果荀彧不见的话，到时很可能就会倒戈，使自己的局势雪上加霜，见一面或许还有一丝的劝阻机会。于是荀彧冒险去见郭贡，说服郭贡退了兵。此外，曹操帐下除了荀彧之外，还有一个一流说客，那就是程昱。他说服了甄城、范、东阿三城将领一起联手共同抵制吕布，给曹操保住这块珍贵的后方基地。

不久，徐州将领陶谦去世之后，刘备代理徐州。曹操知道后非常生气，想要出兵讨伐。而荀彧出来阻拦说："当下的任务并不是去攻占徐州，而是要夺回自己丢失的根基。他说，历来帝王称霸天下，都是因为他有着很深的根基作为保障，进可以胜敌，退也足够防守。虽然说现在有困难，但是我们成就大业是从兖州开始，兖州就相当于昔日的关中地区。所以说，哪怕我们攻占了徐州，最后也只能是因小失大。再说，刘备必定在徐州城内布下重兵，而这边吕布还在虎视眈眈，最终连徐州都没有攻下，那么我们就得不偿失了。"

不错，就算是曹操攻占了徐州，但是南有袁术、孙策，北有袁绍、吕布，这样，曹操无疑是将自己置于虎狼口中。如果南北联手，曹操必亡。曹操又说："但是今年粮荒，如果不攻占徐州，曹营上下的粮草问题如何解决？"荀彧回答道："汝南一带有一些黄巾余党，我们的军队可以前往那里，小小的贼徒还不足畏惧，我们攻破他，用他们的粮草来供给三军，这样朝廷欢喜，百姓也高兴，这也是一件顺应天意的事情啊！"就这样，曹操听从了荀彧的建议，攻占贼窝，抢夺粮食，还给自己带来了一个好名声。

随后，荀彧又建议曹操迎接汉献帝，对于这点提议，很多人都不赞同，而曹操也一直犹豫不决。但是荀彧却说，当时晋文公容纳了周襄王，使得朝中大臣对他效忠服从；而汉高祖为义帝缟素，收买了天下百姓的心。而曹操要想成就大业，就应该像晋文公、汉高祖那样。曹操恭迎汉献帝就是顺从了民心，就这样借着汉献帝的威名使得天下子民都顺从曹操。用复兴汉室作为说服天下的理由，这是最伟大的谋略。如果曹操能够辅佐汉献帝，那么势必被人们看作是拥有至高品德的人。这样一来，哪怕周边还会有所起伏，但也不敢这么明目张胆，肆无忌惮了。

后来，官渡之战中，荀彧为了安抚百姓，下令开仓发放物资，使得人心所向，给曹操解决了后顾之忧，曹操带着自己的士兵击败了袁绍，而荀彧则是劝谏曹操，一鼓作气扫除袁绍势力的残余。就这样，公元204，曹操掀了袁绍的老窝邺城，而他现在的实力也已经今非昔比了。

曹操获胜之后，便想着颠覆汉室，自己称魏公，朝中大小官员都随着迎合，而荀彧却不赞同，荀彧辅佐曹操的主要目的就是希望能够兴复汉室，如今，曹操却想着要取而代之，荀彧怎能答应？

而曹操为了清除障碍，不得不下杀手，但是朝中人几乎都是荀彧举荐的，如果就这样杀了他，保不定这些人会造反，于是，他想到一个办法，他派人给荀彧送了一个空食盒，意思是你已经没有任何用途了。而荀彧也知道曹操的意思，于是，服毒自杀了，终年五十岁。

荀彧的死，很多人都褒贬不一，有的人说他助纣为虐，是曹操最得力的谋士，也有的人说他到死都在捍卫着汉室的尊严，是汉室的忠臣。但是，深知曹操为人也只有荀彧，荀彧死了，他却也给曹营埋下了一颗定时炸弹，一不小心就会被炸得粉碎。

司马懿就是这颗炸弹，他是由荀彧提拔上来的，可以说他对荀彧是尊敬至极。

另外，不能不说荀彧自身的一个优点，那就是长相十分俊美，他还喜欢用熏香，很受女性的喜爱，就这样一个谋略之士，最后却死在了曹操的手中，确实可惜。

# 贾诩：奇谋百出的"毒士"

> **人物名片**

贾诩（147—223），字文和，武威姑臧（今甘肃武威）人。他是东汉末年著名的谋士。贾诩曾经在李傕、张绣、曹操等人帐下做过谋士。担任魏国的太尉，谥号为"肃侯"。

## 人物风云

贾诩出生在一个普通的家庭，年少的时候默默无闻，别人也看不出他有什么不一样，只是当时的名士阎忠将他与张良、陈平相提并论。

贾诩曾经做过察孝廉郎，后来因为生病辞官回家。在他返家的途中，他遇到了叛乱的氐人。氐人将贾诩等一行几十人全部都抓起来，准备将他们处死，就在这危难之际，贾诩心中有一计，于是他对这些人说："我的祖父就是段公，如果你们能够放我回家，我的家人必定会奉上重金，以表谢意。"

贾诩口中的段公就是当时的边疆将军段颎，他的名声可以说是威震四海。氐人一听到他的话，都不敢再加害他，并且还以上宾的形式招待他，好吃好喝的供着，最后送他回家的时候，还给了他礼物。而其余的人则是一个也没有逃出来，全部遇害了。

后来，贾诩还遇到了董卓的旧属李傕等人。当时，李傕等人正面临着被杀的危险，他们计划着一起逃生。贾诩知道后，说与其逃生，还不如拼死一战，赢了，算是为董卓报了仇，而输了的话再跑也不迟啊！

这些人听了之后，都感觉非常有道理，就这样，说做就做，号召四方的兄弟，集结起来竟然也有十几万人马。于是，振臂一呼，在贾诩的帮助下，大军杀进了长安。不仅打败了吕布，杀死了王允，最后还攻占了长安，挟天子以令诸侯，而李傕等人也都自封高官，一时之间，风光无限。

贾诩看到李傕等人并不是一个可以依靠的主儿，所以也就早早收拾细软，另寻良木去了。

贾诩离开李傕之后，第一个投奔的便是自己的老乡段煨，但是这位老乡因为贾诩的才华过人，所以一直都不敢重用他，无奈他又转而投奔了张绣。

这边，曹操看着后起之秀越来越多，心中十分恼火，于是便率军征讨张绣。而曹操有意要重用贾诩，但是贾诩念张绣对自己有恩，于是便拒绝了曹操的邀请。

在贾诩的帮助下，曹操吃了出征以来最惨重的一次败仗，曹操自己受了伤，他的大儿子、侄子和将领典韦都死在了这次的战斗中。

第二次，曹操又带兵攻打张绣，这一次，张绣和贾诩都投奔在了曹操的营下，并且曹操还重用了贾诩，封为执金吾。这个时候的贾诩，已经是一个年过半百的老人了。他从前所帮助的几个人都是一些小角色，但是曹操不一样，他知道这一次是真的找到靠山了。

公元211年，以马超、韩遂为首的十几万人马的军队，共同来抵抗曹军。这一次战争，曹操没有招架之力，只得退回到自己的城中，只守不攻。按理说曹操吃了败仗，但是马超和韩遂等人却主动前来议和，曹操恐其有诈，便和谋士贾诩商量。

贾诩说："应该先答应他们的要求，让他们放松警惕。随后，我们就可以使用反间计，让韩遂、马超两个互相质疑，这样，他们的军队就能够一击便破了。"

曹操听了之后非常高兴，采纳了贾诩的建议，贾诩还给曹操分析了马超、韩遂二人的弱点，让曹操给韩遂写一封模糊不清的书信，中间可以涂改几次，马超得知后，必定会起疑心，那么他们之间的合作也就要到此为止了。

就这样，贾诩利用一封书信，将马超等人的十几万大军打得还剩下三十个骑兵，几乎是全军覆没。

公元215年，曹操帐下的将军庞德请战，想自己率军去和关羽拼个你死我活，曹操看到自己的士兵这么有勇气，十分高兴，只有贾诩说，庞德是带着情绪去的，这并不是好的征兆啊！

曹操听了贾诩的话，急忙派人去传回庞德，但是庞德执意要和关羽决一死战，哪还听得进去，最后，死在了关羽的刀下。

刚刚外部算是太平了些，曹营的内部战乱又开始了。曹操的几个儿子为了争夺权势，都在暗中培养自己的力量。而贾诩选中的则是曹丕，在暗中帮助他。有一次，曹丕问贾诩自己应该怎么做，贾诩说："希望你能够修养品德，孜孜不倦地学习，做好儿子的职责就够了。"在别人听了只是一般的规劝话罢了，但是贾诩的意思是在告诉曹丕品德是最重要的，让曹操感受到曹丕对他的孝心。从那之后，曹植所在意的是自己的功劳，而曹丕每一次出征担心的只是曹操的身体，这让曹操的心不自觉地偏向了曹丕这一边。

这天，为了让谁做世子的事情，曹操找贾诩商量。而贾诩做出一副苦思冥想的样子，曹操见了之后，就问道："只是让你说一下心中的世子人选，你这是在考虑什么？"

贾诩回答道："我只是在想袁绍父子和刘表父子的事情。"

曹操听了这句话，心中已经知道了答案，随后又被贾诩狡猾的模样逗乐了。于是便下令立曹丕为魏王世子。

公元220年，曹丕顺利登基，随后又封贾诩做了太尉。

公元223年，曹丕想要出兵中原，于是他便找来贾诩，向他询问："我想一统天下，先生觉得是先攻打蜀国，还是先攻占吴国呢？"

贾诩回答说："蜀国的国君刘备是一个雄才伟略的人，尤其是他帐下的军师诸葛亮更是上知天文，下知地理。而东吴孙权能够辨明虚实，他的将军陆逊在险要的地带屯兵驻守。而再看看我们朝中的各个将领，他们都不是孙权、刘备的对手。哪怕是陛下您亲自带兵出征，结果也不一定能够胜利而归啊，我们现在要做的，就是耐住性子，等着这两个国家政变啊。"

但是曹丕却不这么认为，他坚持出兵，结果可想而知，大败而归，于是便感叹道："我不听贾诩的劝告，执意攻打蜀国，最后真的是失败而归。"

过了一段时间，曹丕听人说刘备已经死去，这可是一个难得的好机会，于是又集结兵马再次进攻。贾诩又出来劝阻说："刘备现在虽然是死了，但是他必定会将他的江山托付给诸葛亮。诸葛亮感激刘备的知遇之恩，一定会倾尽全力，来扶持幼主治理江山。陛下你千万不要仓促而为之啊。"

曹丕还是不听，最后又是无功而返。

同年，机智多谋的贾诩去世了。从他四十五岁的时候才开始自己的政治生涯，五十二岁的时候投靠在曹操的帐下，尽忠了二十多年，在他七十七岁的时候死去。易中天称他是三国里面最聪明的人物。他有着高超的处世原则，在他所出的计策中，成功率几乎是百分之百，真可谓是一个智谋双绝的谋士啊！

# 徐庶：卧龙的举荐人

> **人物名片**

　　徐庶（生卒年不详），字元直，豫州颍川（今河南省禹州市）人。东汉末年刘备帐下谋士，后归曹操。本名是徐福，后来因为帮助自己的朋友犯了杀人罪而逃难，将自己的名字改为徐庶，从这个时候开始，他在逃难的过程中还遍访名师，其中司马徽和诸葛亮等人都是他的朋友。

> **人物风云**

　　徐庶，对于他的生卒年，史书上并没有记载，只知道他出生于于汉灵帝年间。在徐庶很小的时候，就把那些打抱不平、劫富济贫的侠士看作是自己的偶像，立志要做一个像他们这样顶天立地的男子汉。为了完成自己的这个愿望，他从小就和一位师傅学习武术，并且日夜练习，十分辛苦。不仅这样，他还和同道中人交朋友，共同切磋武艺，探讨其中的奥妙。等到学有所成的时候，徐庶便离开自己的家乡，走遍大江南北，除暴安良、扶危济困。没多久，徐庶的名字就传遍于江湖，成了一个少年侠士。

　　公元188年，徐庶有一个朋友被他们当地一家恶霸害得家破人亡，这位朋友一气之下便找到了徐庶，想让他替自己报仇。徐庶听了朋友的讲述之后，更是气不打一处来，在脸上涂抹了一些泥巴，便手拿利剑走进了这个恶霸的家中，将这个人一剑刺死。就在徐庶要离开的时候，恰巧被听到消息的官兵给包围了。毕竟他一个人怎么可能敌得过这么多人，最后被逮捕入狱，官府人员对他威逼利诱，最后还动了刑，徐庶因为江湖道义，自始至终都没有供出朋友的名字。而又害怕因为这件事情而连累了家中的老母亲，于是不管官员如何对他用刑，他都咬着牙关，不说出自己到底是什么身份。官府没有办法，只好让人将徐庶绑在囚车上的柱子上，游街示众，目的就是想从老百姓的口中得知徐庶的身份。但是这里的老百姓都非常感谢徐庶除了这个恶霸，竟然没有一个人出来指认他。最后官府真的是黔驴技穷了，后来经徐庶的好朋友东奔西走，几经周转，才将徐庶从监狱中救了出来。

　　这一次的事情，给了徐庶很大的冲击。他知道自己以前的那些思想比较局限，如果单靠自己的力量，根本就是微乎其微，不足以将世间的不平事全部铲除。经过仔细地考量，现如今东汉王朝早就已经腐败落寞，各方诸侯纷纷揭竿而起，在这样的社会背景下，徐庶决定弃武从文，学出一身的治国之道，造福于天下苍生。自此以后，徐庶便和自己的武林好友一一告别，丢掉了曾经引以为傲的刀枪剑戟，静下心来去专研兵法。刚进学馆的时候，同窗知道他曾经犯过杀人罪，都不愿意和他来往。而徐庶对于他们的反应丝毫不介意，还是和往常一样，我行我素，专心于自己的学习工作中。徐庶本人非常的聪明，再加上他的勤奋努力和豪爽不羁的性格，同窗们很快就忘却了他的曾经，都喜欢和他做起朋友来，在此期间，他和石韬成了很好的朋友。

　　公元190年之后，汉室早就已经名存实亡，权臣专政，各地战火连绵。徐庶和石韬二人为了躲避战乱，全家都迁到了荆州一带。在荆州的这段日子，徐庶又结识了很多人，其中就有诸葛亮、崔州平、孟公威、庞统等人。徐庶对于诸葛亮的才华很是钦佩，所谓英雄惜英雄，诸葛亮对徐庶也是另眼相看，这两个人之间来往比较频繁，将彼此视为知己，经常在一起讨论当今的天下形式，评论一番天下豪杰，探讨一下治国用兵的方法，日子过得不亦乐乎。诸葛亮则是经常把自己看作是名相管仲，徐庶对此也是深信不疑。

　　徐庶在荆州居住的时候，荆州牧刘表曾经多次派人请徐庶做官。但是在徐庶的心中，刘表虽然说是皇室贵族的后裔，也是一个礼贤下士之人，但是刘表却是一个优柔寡断，善恶无法明辨的人，他的这些名头基本上都是徒有虚名而已，并不是一个可以辅佐的人，都被徐庶一一谢绝了。

　　公元201年，刘备前来投靠刘表，而刘表对于刘备的才能也是十分忌惮，并不愿意让他委任要职，只是让他带兵在新野和曹操对抗。但是徐庶通过自己的多方观察，他发现刘备其实是一个胸怀大志，有着雄伟谋略的人，并且还善待自己的属下，在军队中颇有威望。于是徐庶便打点好自己的家庭，就一个人来到了新野投靠刘备。而刘备这个时候，也正想要结交荆州一带的有识之士，徐庶的到来正合他意，于是很客气的招待了徐庶。刘备很欣赏徐庶的才华和人品，听了徐庶的话，刘备二话没说就给他了一个要职担任，让他参加军队的训练。

公元 204 年，曹操带兵攻打邺城，而他的老窝则是防守空泛，于是刘备趁着这个机会，向许昌发动攻击，而曹操的大将也不含糊，拼死抵抗。而刘表却不愿意派遣援兵，刘备的士兵少，将领更少，再这么支撑下去，很可能就面临着全军覆没的危险。在这个紧要关头，徐庶给刘备提出了一个建议，那就是将自己的营寨烧掉，做出退兵的样子，然后再派关羽和张飞等人带兵在沿途的路上埋伏，等待着曹军的追击。而曹仁一向狂妄自大，并没有仔细考虑是否有诈，将部下李典的劝阻当成耳边风，命令于禁跟随自己去追击刘备。走到埋伏的地点，刘备的士兵将他们团团包围，曹军一方伤亡惨重。结果刘备扭转了局势，虚惊一场，这才能够安全的返回到自己的营地——新野。

刘备对于徐庶的军事才能赞赏有加，而徐庶则对刘备说，自己的才华还不及诸葛亮的一二，刘备听了这句话，对诸葛亮比较好奇，想将他招募在自己的旗下，于是这就出现了三顾茅庐的故事，经过刘备的再三邀请，公元 207 年，诸葛亮答应出山，这也就为以后的三国鼎立的局面奠定了基础。

公元 208 年，曹操亲率大军南下，攻打荆州。这个时候刘表已经去世，而他的儿子刘琮则是不战而降，归顺给了曹操。刘备则是带着自己的二十多万的军民一起南撤。刘备的军队和曹操的军队在长坂坡开战，最后刘备寡不敌众，以失败而告终。徐庶的家人也落入了曹操的手里，曹操还伪造了一封书信，让徐庶前往许都，徐庶知道这个消息之后，心里百般痛楚，眼含热泪给刘备前来告别。他对刘备说："本想着要和将军您一起打天下，尽心尽力，忠心耿耿的扶持。只可惜，我的母亲被曹操擒去，我也没有了方寸，即使我现在留在将军的身边也不能有任何的帮助，还请将军让我告别，去许都伺候我的母亲！"刘备心中舍不得他离开自己，但是他也深知徐庶是一个有名的孝子，不忍心看见他们母子二人分离，更是害怕徐庶的母亲一旦被害，而徐庶也就不会安心为自己出谋划策，最后只能痛苦地看着徐庶离开。

公元 229 年，诸葛亮三次攻打祁山，然后北上，讨伐中原。他听说自己的好朋友徐庶竟然归顺了曹营，心中免不了一阵感叹，但最后徐庶的家人还是被曹操杀害。

徐庶的一生，命运坎坷，道路崎岖，虽然最后并没有多大的作为，但是他却将诸葛亮带到了刘备的身边，而他的智谋在辅佐刘备期间也尽显无遗，加上他的孝心可嘉，是后世人们学习的典范。

## 郭嘉：曹阿瞒的"奇佐"

### 人物名片

郭嘉（170—207），字奉孝，颍川阳翟（今河南禹州）人。郭嘉是曹操帐下的重要谋士，后来跟着曹操征讨乌桓的时候病逝，终年只有三十八岁。谥号为贞侯。

### 人物风云

郭嘉小的时候并不喜欢和同龄的孩子打闹，相反，他却喜欢和长者交谈。有些时候，他的一些见解，甚至都会让这些长者们自愧不如。在别人看来，郭嘉长大之后绝对是一个了不起的人物。

曾经有一次，一个术士和小郭嘉交谈一会之后，直叹他是姜太公转世。

到了二十岁时，他所攀谈的对象已经从乡里的长者变成了一些有识之士，其中就有荀彧、辛评、郭图等人。郭嘉和其他人一样，刚开始的时候都去投奔了当时实力比较强的袁绍。袁绍见了郭嘉之后，对他十分赞赏，但是在郭嘉看来，袁绍是一个优柔寡断之人，不足以成就大事，于是毅然决定离开，转而投奔到了曹操的帐下。

公元198年9月，曹操和吕布在徐州一战，这一战占用了很长的时间，而曹操又担心自己不在曹营，袁绍和张绣会伺机而动，于是就有了想回营的念头。

郭嘉则是劝阻道："丞相，您千万回去不得啊，开始的时候，吕布的军队勇猛非凡，但是他接二连三的失败，他们将士的斗志早就消磨了，这可是一个大好的机会啊！"

曹操听了郭嘉的话，取得了最终的胜利。这是郭嘉帮助曹操赢得的第一场胜仗。如果不是郭嘉的建议，那么曹操的心腹大患吕布不知道要等到什么时候才能去掉。

公元196年，刘备战败之后投奔到了曹操的手下。曹营上下对于这件事情的看法不一：荀彧等人则是主张应该立即将刘备除去，以绝后患，而郭嘉则是建议应该留用刘备。到了后来，刘备叛变，还成了曹操的强劲敌手。这也让更多的人认为，郭嘉当时的建议是多么的荒唐。

公元202年，袁绍临死之前，立了袁尚作为自己的继承人，郭嘉听说这个消息之后，并不觉得诧异，这正是袁绍一贯的作风。于是，郭嘉对曹操说："我们现在不能强行进攻冀州，袁氏兄弟都在那里，到时他们一定团结起来对抗，这样一来我们就很难获胜。现在我们要做的就是静观其变，等着吧，过不了多久，我们就能看到一出兄弟相残的好戏。"

就这样，在郭嘉的建议下，曹操又赢来了一场胜仗，袁尚兵败之后，投奔了袁熙。当时曹操听从郭嘉的话，重用各方有谋之士，甚至还给予和自己不合的陈琳要职。而对于袁尚，曹操问了他的旧臣王修，王修则是避而不答，曹操直称赞他为忠臣。

而郭嘉则是说："丞相，我这里有一计，可以不动一兵一卒，只是用那些投靠而来的袁氏将领就可以了，这一次的进攻任务就交给他们。"

曹操听从了郭嘉的话，随即派遣降将张南、吕旷、吕翔、焦触、马延、张凯等人各带着一部分的兵马，分成三路向幽州进攻。这一次的战役可谓是攻无不克，屡战屡胜。一直攻打到了乌桓，这个时候大将曹洪向曹操建议到："现在袁熙、袁尚的气数将尽，他们才会远投沙漠。如果我们再继续追进，这个时候倘若刘备和刘表趁机来偷袭我们的都城，这样我们根本就来不及去救，所以说，现在不应该再追击了，应该班师回朝。曹洪的建议不是没有道理，想当初，曹操在征讨徐州时，吕布便趁虚而入，端了曹操的老窝。而现在，因为追击袁尚，已经远离了都城，如果再不回去，恐怕都城难保啊！

但是郭嘉并不赞同这么做，他认为，丞相现在的实力虽然很强大，但是那些身处沙漠的人，一定仗着自己的距离比较远而有恃无恐，这个时候他们必然不会多加防备。我们如果抓住这个机会，定能够给他一个突然袭击，攻破城池也就比较容易了。况且，袁绍可是乌桓的恩人，而袁尚和袁熙两个兄弟还活着，如果乌桓和他们联手，又是一个麻烦，所以应该早早地剔除才是。而刘表和刘备二人，刘表害怕以后掌控不了刘备，所以必定不会给他重用的，刘备的才能在一些小职位上也不会有什么大的作为。所以说现在虽然是远征，但也不必担忧。

于是，继续前行，曹操还命人做了一个道路不通的牌子树立在滨海旁，以此来麻痹敌人。可是没有想到，大军刚行进了两天，沙尘肆虐，道路崎岖，不利于前行，所有的将士们也都打了退堂鼓，曹操询问郭嘉的意见，而此时的郭嘉因为水土不服的原因，大病不起，面容憔悴。

曹操看到郭嘉这个样子，眼泪都要掉下来了，他说："都是因为我想要踏平沙漠，才导致你长途跋涉，染病卧床，你让我怎么安心啊？"郭嘉宽慰曹操说道："丞相不必自责，我很感激您对我的恩情，就算是拿去我的生命都不能报答万一，何况只是小病一场。我们都知道用兵贵在神速，以目前的形势进军是不行的。现在大军要将自己身上的包袱丢掉，轻装上阵，而且还要改变行军的路线。"于是，按照郭嘉的提议，大军走了二十多天到达乌桓，实在是不容易。

这一战给袁尚等人一个措手不及，曹操虽然取得了胜利，但也遇到了一个很悲痛的打击，那就是他的军师郭嘉身亡了。

等曹操到达易州的时候，郭嘉已经死了好几天了。曹操悲痛不已，说道："你明知道自己的身体不好，一直担心着如果去了南方，很可能就会因为水土的问题而不能活着回来。可是你却时常鼓励我去征讨荆州。我还将这件事告诉了荀彧，好让他时常提醒着我，千万不能让你去南方。可是，没想到你最后还是走了。这些都是因为我的缘故啊。第一次和你聊天的时候，我就知道你是那个可以助我成就大业的人，可是如今你走了，以后我遇到问题的时候，该去问谁呢？荀彧等人他们的年龄和我都差不多，我本打算把后事托付给你，可是现在，你怎么能让白发人送黑发人啊！"这曹操哭的是一把鼻涕泪两行，其他武将见了之后都劝曹操要节哀顺变，不能忘了当下的局势。

公元208年，曹操和孙权、刘备决战于赤壁，这也是历史上比较有名的以少胜多的战役。在赤壁之战中，曹操吃了败仗，他仰天大哭道："如果郭嘉还在的话，这一战，我怎么可能会输。"而这一句话也说明了曹操一生的雄伟大业竟然是因为郭嘉的死亡而告终，真是不可思议。

郭嘉的计谋并不是寻常人所能猜测到的，曹操也是一个不错的军事家，但是在郭嘉面前，可谓是小巫见大巫了。郭嘉这个人，说话时的嗓门特别大，并且语言丰富，表情更是生动，这也致使很多人都喜欢听他讲话。曹操对于郭嘉可真是充满了爱啊，是君主对臣子的爱，亦是长辈对晚辈的爱。

实际上，大部分的人都会想着，如果郭嘉再多活上几年，那么赤壁之战会不会改变，胜负到底会在谁的那一方，只可惜这么多的疑问，就这样成了一个永远解开不了的谜。

## 杨修：聪明反被聪明误

> **人物名片**

杨修（175—219），字德祖，弘农郡华阴县（今陕西华阴）人。他是著名的文学家杨彪的儿子，杨修也是一个学识渊博之人，在建安年间的时候被举为孝廉，担任郎中一职，后来又被曹操任命为主簿。最后被曹操杀害，终年只有四十四岁。

> **人物风云**

在东汉末期，出现了一个比较有名的文学家，名为杨修。杨修从小就喜欢学习，天资聪颖，在建安年间，杨修被举荐为孝廉，担任郎中一职，后来又去了曹操的帐下，做了一名主簿。

那个时候，曹操军事繁忙，杨修则是帮助曹操处理内外的事宜，每一件事情都处理得非常好，正合曹操的心意，杨修具备的才华，连曹操自己都自叹不如。

曹操的几个儿子都想拉拢杨修到自己的帐下，比如：杨修曾经送给曹丕一支王髦剑，曹丕对这把剑万般珍惜；而曹植更是多次的写信给杨修，有修好之意。

但是杨修却是聪明一世，糊涂一时，在生性多疑的曹操帐下，如果还不懂得收敛自己的光芒，那么所面临的就只有死路一条了。

有一回，曹操派人在自己的府上建造了一座非常漂亮的后花园。在建成之后，曹操便带领着众人前去参观，领着大家在自己的园子中转了一圈，到走之前一句话也没有说，只是提笔在自己的园门上写下了一个"活"字。弄得其他人都搞不清楚什么意思，所以只好向杨修请教。杨修对这些工匠们说，活字是门内一个活，也就是一个阔字，丞相的意思就是嫌你们将这花园的院门造得宽阔了。工匠们听了之后，于是又连忙赶工，将院门改小了，第二天曹操前去观看，看到之后，十分满意，于是便问工匠们："谁读懂了我的意思？"工匠们说："这都是杨主簿的功劳！"曹操听了之后，面色虽然没有任何变化，但是心里已经对杨修有所忌讳。

还有一次，塞北的人向曹操进贡了一盒比较美味的奶酥，想讨曹操的欢心。曹操吃了一口后，突然心中又有了主意，想要看看自己大臣们的智慧如何，于是拿起笔来，就在那个奶酥的盒子上写了"一合酥"三个字，让自己的手下递给大臣们一一浏览。大臣们看着奶酥盒上的三个字，一时之间都不知道是什么意思，而杨修看到之后，竟然让人送上了餐具，将这一盒奶酥分吃。但是曹操的东西，谁敢乱动呢，于是大臣们都诚惶诚恐地说："魏王的食物我们怎么敢品尝呢？"而杨修却说道："一口酥，意思也就是说一人一口酥，这是魏王赏赐给我们的，但吃无妨！"所有的文武百官听了杨修的话，都放下心来，就这么分吃了。吃完之后，曹操询问杨修这么做的理由，杨修说道："你在盒子上写下一口酥三个字，无非就是想让我们将这盒奶酥分吃掉，我们这些人怎么敢违抗您的命令呢？"曹操表面上虽然夸赞杨修聪明，内心却是厌恶极了。

曹操生性多疑，每一天晚上睡觉的时候害怕别人会来谋杀自己，于是他经常嘱咐身边的人说："我在睡觉的时候，经常会杀人，所以只要我睡着的时候，你们千万不要靠近。"这天，曹操正在自己的营帐中睡觉，故意将自己的被子掉在了地上，他的一个侍卫见状，想要上前替他盖上。这个时候，曹操从床上起来，拔剑就将他杀了，接着爬到床上继续睡。等睡醒之后，曹操假装做了一个梦，忙问身边的人说："到底是谁将我的侍卫给杀了？"其他的人将事情的经过告诉了曹操，曹操失声痛哭起来，下令一定要将这个侍卫厚葬。这样，所有人都认为曹操睡觉的时候，真的会起来杀人的，而只有杨修看穿了曹操的鬼把戏，在侍卫下葬之前，他竟然指着侍卫的尸体说道："丞相现在没有在梦中，倒是你，真正的活在梦中了！"曹操听完这句话之后，心中对他已经起了杀心。

当时，曹操亲率大军去攻打刘备，不料中途被困在了斜谷界口，如果要这么进攻的话，又害怕攻打不进，而如果要退兵的话，一定会招来耻笑。曹操心里正在挣扎不定的时候，他帐下的厨师给曹操端进来一碗鸡汤。曹操看见碗中有鸡肋，不禁有感而发。正在沉吟期间，夏侯惇进入了营帐，想要请示夜间巡逻的口号。曹操说道："鸡肋！鸡肋！"于是夏侯惇告诉自己手下的士兵，口号为"鸡肋！"而主簿杨修听见"鸡肋"二字的时候，便让士兵们收拾东西，准备返回。于是有人将这件事情告诉给了夏侯惇。夏侯惇心中吃惊，于是便将杨修请到了自己的营帐中，问道："杨主簿为什么要收拾行装呢？"杨修回答说："你看今天晚上的口号也就知道，魏王已经决定要退兵了，鸡肋，食之无肉，但是将它丢掉，未免又太可惜。再看现在，如果强行进攻的话，根本就不能取得胜利，而就这样退兵的话，会遭到别人的嘲笑，既然在这里并不能得到什么好处，那么还不如早早收拾行装，早日返程吧，你看吧，明天的时候，魏王一定会班师还朝的。所以说我们现在先行收拾行装，以免在回营的时候显得慌乱。"夏侯惇赞叹道："还是您能够揣摩魏王的心事啊！"于是也跟着收拾起行装来。就这样，整个军营的士兵们都在收拾行装，为明天的返营做准备。曹操听说了这件事情之后，将杨修传到了自己的营帐中询问他原因，而杨修则是将自己的分析给曹操说了一遍。曹操听了之后，怒气冲天，说："你怎么敢如此放肆，这样蛊惑军心，造谣生事。"于是便命令刀斧手将杨修给杀死了，还将他的头颅挂在了辕门的外面。

其实从这件事情上，我们也可以知道，或许杨修的分析是正确的，但是居高位者就怕别人看穿自己的心思，所以说在老虎身边工作的聪明人，总会难得糊涂。

杨修，可以说的是历史上比较典型的一个。从客观方面来说，杨修有着出众的才华和见识，他能够琢磨透曹操心中的所想。但是，杨修能够看透一切，但是却始终没有读懂那颗要杀自己的心，曹操毕竟心眼比较小，杨修也只是他征战中的一个可有可无的人而已，如果说起令人感叹的地方，那也只能说选错了主子吧。

## 诸葛亮：神机妙算的贤蜀相

### 人物名片

诸葛亮（181—234），字孔明，号卧龙，琅琊阳都（今山东省临沂）人。我国著名的军事家、发明家、政治家和文学家。诸葛亮曾经做过武乡侯，谥号为"忠武侯"。诸葛亮一生都在扶持刘备成就大业，呕心沥血、鞠躬尽瘁、死而后已。他的代表作有《出师表》《诫子书》等。

### 人物风云

诸葛亮出生于公元181年，他的家庭是一个官吏之家。史书上记载，诸葛亮身高八尺，相貌堂堂，甚是伟岸。

诸葛亮三岁的时候，母亲章氏因病去世，不幸的是，父亲在他八岁那年也去世了。当时，诸葛亮的叔叔诸葛玄在豫章做太守，于是他带着自己的弟弟诸葛均投奔到叔叔家。

诸葛亮从小就比较聪慧，喜欢画画，也有着超乎常人的记忆力。

长大后的诸葛亮满腹才学，娶了黄承彦的女儿，此女丑陋无比，但是却也是一个响当当的才女。

诸葛亮一身的抱负，他也想找到一个明君可以成就一番事业。这个时候，诸葛亮把目标放在了刘备的身上，这也就有了后来的三顾茅庐之说。以刘备当时的身份，肯屈尊来请诸葛亮，已经十分难得，从这里也可以看出刘备也是一个爱才之人，而诸葛亮的识人本事也不可小觑啊！

看在刘备如此诚心的份上，诸葛亮给刘备把天下的局势分析得头头是道，对刘备来说，可谓是起到了醍醐灌顶的作用。刘备听诸葛亮一分析，更是不舍得放弃他这个智囊了。

有一次，诸葛亮来找刘备商讨军机大事，见刘备正在编织草鞋，于是就说道："主公，这都什么时候了，您怎么还有心情做这个？"刘备说："先生既然来了，就坐坐吧。"诸葛亮又问："主公，你觉得刘镇南和你是曹操的对手吗？刘备答："不是。"诸葛亮又说道："既然你们都不是曹操的对手，那么荆州迟早要被曹操所占领。"刘备询问其办法，诸葛亮说："现在应该加强兵力，按时征收赋税。"刘备听了之后直点头。可是刘备还有一件很烦恼的事情，那就是调解刘表两个儿子刘琦和刘琮的关系。刘琦虽然和诸葛亮没有什么关系，但是刘琮却是诸葛亮的一个远房亲戚。

这不禁让他为难，他不想理会这件事，但是最后刘备还是硬塞给了他，而诸葛亮想出来的办法就是希望这两个人的权力能够相互制衡，刘备从中也能得到好处。先拉拢刘琦，扩大兵力，如果发生战乱，刘琦和刘琮二人可以相互抗衡，谁知。刘琦是个短命鬼，先行一步就去了。

公元208年的八月，刘表去世，他的小儿子刘琮继位。诸葛亮还没有做好准备，曹操大军就已经南下了。而刘琮却想着要割地求和。如果按照这个势头发展下去，一旦刘琮和曹操联了手，那么刘备的伟业也就到此为止了。那么眼下也就只有一个办法了，那就是跑。刘备一行人来到了夏口。在这里碰到了孙权帐下的大将鲁肃，因为不知道孙权到底是什么态度，于是诸葛亮便前去充当说客。孙权听了诸葛亮的分析之后，决定和刘备联合起来一起对抗曹操。并且他也看上了诸葛亮的才华，还想让他留在吴国，给自己效力。

历史上著名的"草船借箭"说的是为了共同对抗曹操，需要制造大量的箭，而周瑜嫉妒诸葛亮的才华，便让诸葛三天之内造出十万支箭，本想为难诸葛亮，没想到却成就了诸葛亮的传奇。

公元221年，刘备征讨吴国，看似占据了四郡之地，但是这些地方都是人烟稀少，经济落后，再加上这里的人根本就不服从刘备的管制。于是，刘备便想去借荆州，孙权和刘备的关系十分微妙。刚刚联合击败了曹操，剩下了荆州这块肥肉，几双眼睛都紧紧盯着，想将其占为己有。而孙权表面上看似对刘备比较客气，其实内心是想将他消灭，少一个人分羹。

所以说，刘备这一次自己去吴国借荆州，真的是凶险重重啊。但是为了前程，也只能以身冒险了。诸葛亮为他准备了锦囊妙计，使得刘备说服了孙权，借到了荆州，这也为刘备以后治理国家奠定了很好的基础。

公元221年，汉献帝被害身亡，诸葛亮便想着让刘备做后汉的皇帝。

刘备称帝之后，封诸葛亮为丞相。但是喜事还没有过去，忧虑也就跟着来了，荆州被人抢走，蜀国大好的江山眼看着被人夺走了一半。但是如果现在和孙权开战的话，最后渔翁得利的必定是曹操，所以诸葛亮并不赞成刘备攻打吴国。

公元222年的八月，刘备执意攻打吴国，却被不知从哪冒出来的陆逊击败，溃不成军。到了第二年，刘备便卧病不起，他也深知自己的时日到了，于是便招来诸葛亮等大臣，交代自己的后事。刘备将诸葛亮叫到自己的面前，十分难过地说："你的才能，十个曹丕也赶不上，由你来辅佐君王，必定能够安邦定国，成就大业。如果我的儿子是君王的料，那么你就辅佐他；如果他不成材，你就可以自己取而代之。"刘备也要求自己的儿子将诸葛亮看做是他们的父亲，像尊敬自己一样尊敬他。这让诸葛亮感激涕零，更加毫无二心的辅佐着少主，死而后已。不得不说，刘备也是一个智者！

公元223年，刘备死后，十七岁的刘禅成了蜀汉的第二个皇帝，封诸葛亮为武乡侯，刘禅对诸葛亮说："朝廷大小事宜由丞相决定即可，我就只管祭祀就可以了。"这个时候，天下成了三分的局势，一时之间，所有的重担都落在了诸葛亮的肩膀上。

诸葛亮先是设立了丞相府，辅佐幼主处理军国大事，更有甚者，其他国家得知刘备死后，都纷纷给诸葛亮写信，希望他可以为自己效力，但都被诸葛亮回绝了。

公元229年的春天，诸葛亮派遣陈式攻打武都、阴平等地。雍州刺史郭淮带着自己的援兵赶到，而诸葛亮这个时候已经带兵到达了建威，郭淮没有办法，只能是撤退，就这样，在诸葛亮的带领下，这二郡已经属于蜀汉了。

公元231年的二月，诸葛亮又带着大军攻打祁山。在这场战役中，他们第一次运用了先进的武器——诸葛连弩。这个时候，曹真生病，都督司马懿带兵抵抗。诸葛亮也不急于应战，只是收集粮食，等粮草充足之后，诸葛亮派了高翔、魏延、吴班三员大将，一举击破司马懿的军队。

前线打得火热之际，后院却又起火了，托孤大臣李严，一向和诸葛亮不和，谎称粮草不足，让在前线的诸葛亮班师回朝。不过在回营的过程中，诸葛亮还用计杀死了魏国的大将张郃。

诸葛亮前后五次北伐中原，但未能实现兴复汉室的目标。终因积劳成疾，于建兴十二年（234年）病逝于五丈原，享年五十四岁。刘禅追谥为"忠武侯"，后世常以"武侯"尊称。诸葛亮一生鞠躬尽瘁、死而后已，是中国传统文化中忠臣与智者的代表人物。

## 庞统：与卧龙齐名的凤雏先生

### 人物名片

庞统（179—214），字士元，号凤雏，襄阳（今湖北襄阳）人。刘备帐下的一个重要谋士，他的才华和诸葛亮齐名。在雒县一战中，不幸身亡，年仅三十六岁。刘备知道这个消息之后，悲痛万不已，赐谥号为"靖侯"，亲自为他挑选了墓地，葬于落凤坡。

### 人物风云

庞统小时候为人朴实，但是表面看上去并不聪明。水镜先生司马徽和庞统有过一面之缘。有一次，司马徽正在树上采桑，来了一位年轻人，在树下休息，于是两人就攀谈起来。刚开始的时候，司马徽并没有将这个年轻人看在眼里，可是没想到两个人越聊越投机，不知不觉竟然谈到了深夜。

司马徽问："怎么称呼你？"

庞统答道："本人姓庞，名统，字士元。"

司马徽对庞统大为惊异，称赞他是南州地区士人中首屈一指的人物。有了司马徽这句话，庞统渐渐为人所知。

庞统初任郡功曹，后跟随周瑜，并被委以重任。周瑜逝世后，庞统为其吊丧至东吴，与陆绩、顾劭等人结交。之后庞统又投奔了刘备。

那时候，刘备已经攻占了荆州，做荆州牧一职，而庞统则是以从事的身份当起了耒阳县令。庞统在任的时候，根本不理县务，政绩十分差，最后还被免了官。而吴国的将领鲁肃给刘备写了一封信，向他推荐了庞统，鲁肃在信中这样说道："庞士元是一个人才，让他做一个小小的官职实在是委屈了他，如果能够好好的任用，他定是个良才，可以让你如虎添翼。"此前，诸葛亮也向刘备提起过庞统的事情。刘备便召见庞统，刘备和庞统一见如故，从古论到今，刘备对他十分赞赏，于是便任命他为治中从事。从那之后，庞统成了继诸葛亮之后，又一个值得刘备重视的人，他和诸葛亮都是军师中郎将。

有一回，刘备找来庞统闲聊，随口问道："你以前在周瑜身边做事。我那一次去吴国的时候，听说周瑜曾经给孙权上书，要将我扣留在吴国，不知道有没有这件事？在谁的手下做事就应该忠于谁，你放心大胆地说，不必隐瞒。"庞统则是回答说："的确有这件事。"刘备随即又感叹道："那个时候，我蜀国正处于危难当中，必须向孙权求救，所以也不能不见他。没想到，这一去，竟然差点落入周瑜的手中。"刘备继续说："都说英雄所见略同，当时，我要去见孙权的时候，诸葛亮也是劝阻我不要去，而且一直强烈地反对，现在想想，或许他也是害怕我被孙权扣留。当时，我以为孙权最大的敌人应该是曹操,所以应该不会把我怎么样,而且还会很高兴和我联手抗曹,没想到,最后是我没有考虑周全。现在想想,可真是一步险棋啊!"

公元211年,法正奉了益州牧刘璋的命令来到了荆州,求见刘备,希望刘备可以去益州和刘璋一起抵抗张鲁。并且法正私底下还给刘备出了计策,那就是趁着支援益州,一举拿下益州。刘备一直犹豫不定。庞统则进言道:"荆州这个地方荒凉落魄,人们流离失所。况且现在,东面有孙权在虎视眈眈,而北面还有曹操在那里静观其变,这样下来,荆州根本就很难有好的发展。而益州则是有着百万的农家,是一个土地富饶,物产丰富的地方,如果能将它拿下,作为我们的根基,那么成就大业也就指日可待了。"听了这番话,刘备还是担心:"现在,我最大的敌人便是曹操,而我治理国家上也都和曹操相反,他峻急,那么我便宽厚;曹操生性暴虐,那么我便待人仁慈;曹操狡诈多变,那么我便忠诚不二。每一件事情都和他相反,只有这样我才能够得民心、得天下。而现在又让我去占领益州,这不是让我失信于天下吗?"庞统接着说:"现如今,整个局势都动荡不安,如果一味地坚持自己最初的看法,那么最后只能面临着消亡的危险,所以应该学会随机应变才好。并且强者吞并弱者,逆取顺守,报之以义,历来都是古人所重视的道理。只要事定之后,封给他一块土地即可,这样的话,还有谁说您忘恩负义呢?如果你不抓住这个机会的话,别人也会抓住的。"刘备听了庞统的话,觉得非常有道理,于是便将诸葛亮、关羽等人留在荆州镇守,而自己亲自带着庞统等出兵益州。

刘璋盛情款待了刘备等人,还给他们准备了充足的粮草,并且连战略要地白水关都交由他管理,为的就是让刘备帮助他攻打张鲁。这个时候,刘备的实力早就今非昔比了,他的军队已经扩充到了三万多人,有上好的马车,坚实的兵甲,充足的粮草和士气高昂的战斗力。吃饱喝足之后,刘备并没有像刘璋说的那样立马攻打张鲁,反而却在葭萌做起了收买民心的事情。

公元212年的十二月,刘备已经在葭萌屯兵将近一年了。庞统给刘备献上了一些好计谋:"挑选一些精兵,日夜兼程,偷袭成都。刘璋并没有什么雄伟大略,而他对此也必定没有防备,等我们的军队一到,便能轻而易举地拿下，这是上计。高沛、杨怀二人都是刘璋手下的大将，他们各自带领着一队精兵，在关头把守着，听说有几十个人都上书劝谏刘璋，让他派遣将军去荆州。而将军还没有到，又中途听说，荆州告急，要马上回去搭救，从外在上看去我们的军队也要是整装待发的模样，而高沛和杨怀二人对于将军你的威名深感佩服，如果听到你要回去，那么他们肯定高兴地卸下防备，只是轻装来见将军，而将军就可以趁着这个机会，带着军队逼近成都，这个是中计也。将白帝退还给刘璋，将刘璋的军队引向荆州，表面上要还给他的意思，其实是他放松警惕，这个指的便是下计。"

刘备认为庞统说得对，于是就按照他的计划实行。将高沛、杨怀两位将军杀死，自己带兵直接攻打成都，这一路上，士兵们势如破竹，战无不克，没过多长时间，刘备等人就已经攻克了涪城。在涪城里面，刘备和自己的将士们在一起，置酒作乐，得意非凡。而他则是喝了一点酒，趁着酒兴对庞统说道："今天的这场宴会，真是高兴啊。"而庞统却说道："把讨伐别人国家作为乐趣的人，并不是一个忍者所为。"这个时候，刘备已经有点醉了，所以大怒到："武王当时征讨周王朝的时候，不也是歌前舞后，难道他不是仁君吗？你说的话有失恰当，还不赶快出去！"但是说完这句话，刘备便后悔了，又将庞统请了回来，而庞统却不理会刘备，回到自己的位置上，只顾着饮酒。刘备问是谁的过错，庞统说君臣都有，这才使得气氛缓和了起来。

公元214年，刘备带兵包围了雒城，而庞统带着所有的士兵们攻城，不幸中箭身亡，刘备心疼不已。

庞统死了之后，刘备亲自为他挑选墓地，葬于落凤坡。

## 法正：刘备的第一谋士

**人物名片**

法正（176—220），字孝直，扶风郡（今陕西省眉县）人。很多人都以为诸葛亮是刘备的第一谋士，其实不然，第一谋士乃是法正。刚开始是刘璋的部下，当刘备进入蜀国的时候，又归顺在刘备的帐下，深得刘备的信任和赏识。法正去世，终年四十五岁。刘备为此哭了好几天。后谥号为"翼侯"，也是刘备生前唯一一位拥有谥号的大臣，从这里也可以知道他的地位有多高了。

## 人物风云

建安初年，天下闹饥荒，人们都吃不饱饭。法正和好友孟达一起投奔到了刘璋的部下，但是刘璋并不是一个知人善用的人，在那里停留了很长时间，才当上新都县令，后来又被任命为军议校尉。法正怀才不遇，又被州邑地区的人诬陷，很是苦闷。益州的别驾张松和法正是好友，他也觉得刘璋不是一个能成大事的人。

公元208年，刘璋派遣张松去拜访曹操，回来之后，张松劝谏刘璋不要再与曹操往来，应该和刘备搞好关系。不久之后，赤壁之战使得曹操一战不起，而刘备的势力壮大了许多。刘璋想着应该派遣何人去拜访刘备呢，张松举荐了自己的好友法正。刚开始的时候，法正还推脱不去，最后不得已只好前往。见到刘备之后，刘备对他是礼遇有加，而法正也看出刘备是一个有着雄才大略的人，是可以辅佐的明主。他回去之后，便和自己的好友张松商量，要一起投奔刘备。

公元211年，刘璋听说曹操要讨伐张鲁，他害怕曹操此次是醉翁之意不在酒，到时再把自己的益州给吞并了。张松便给刘璋出主意，说可以将刘备迎进蜀国，让他来讨伐张鲁，于是法正第二次作为使者，去拜访刘备，并带着几千人马，请刘备入蜀。法正趁着这个机会，背叛了刘璋，法正对刘备说道："阁下有治国之才，而刘璋并不能担此重任，现在，我的好友张松在城内做内应，时机一到，我们就可以攻占益州。益州是一个富饶之地，再加上它那险峻的地势，要想成就基业，实在是易如反掌。"诸葛亮也认为如果想要一统天下，那么荆州和益州是两个必要之地，法正和张松的倒戈真的是一个绝佳的好机会，于是刘备答应了法正的计划，准备攻占益州，入驻蜀国。

公元212年，刘备谎称帮助刘璋攻打张鲁，而进军葭萌。不料，事情败露之后，张松被杀，刘备与刘璋的关系也彻底决裂，于是刘备亲率大军逼近成都。而益州的从事郑度给刘璋建议道，可以采用坚壁清野的作战方法来整垮刘备。刘备得知后，非常的担心，而法正对刘璋比较了解，他认为刘璋虽然不是一个有才之人，但也称得上一个爱民之人，这个方法他是不可能采纳的。果然如法正所说，刘璋听了郑度的话说："我只是听说抗敌是为了安民，却从没有听说过利用百姓来躲避敌人的办法。"于是便给郑度罢了官。

公元214年，刘备带领大军包围了成都，而蜀郡的太守许靖想要出城投降，但是被人给发觉了，又因为在这紧要关头，如果要将许靖处死，必然会引起动乱，许靖也因此逃了一命。刘璋归顺之后，刘备也没有启用许靖。许靖和他的弟弟许劭是当时比较著名的名士，却没有政治才能。这个时候，诸葛亮给刘备进言道："许靖的名声很大，人气也比较旺，不能白白浪费了这个资源，应当充分利用，不能让他从政，但是却可以借助他的名气使天下人敬重您啊。"法正也跟着劝说："许靖本人是没有什么能力，但是他的名声遍布天下。而且现在主公刚刚成就大业，您如果不用许靖，那么以后招贤纳士也就十分困难了，别人也会以为你不善用人。"听了这两位贤臣的话，刘备逐渐开始重用许靖了。

刘备攻占益州之后，最重要的任务就是和原蜀中的将领们搞好关系。而这些大臣们都劝谏刘备娶原蜀地旧将吴壹的妹妹为妻，可是她妹妹的亡夫便是刘璋的哥哥刘瑁，在刘备眼中看来，这么做是不合礼法的。法正则进谏道："要说亲疏关系，比得上晋文公和子圉的关系吗？晋文公当年逃难来到秦国，娶了自己侄子的妻子为妻。法正认为晋文公都能够娶自己侄子的妻子，并且还未遭到什么礼法的抨击，更何况你和刘瑁之间这种远的不知道的亲戚呢。"

于是，刘备便娶了吴氏作为自己的夫人。随后，刘备还赏赐了几大功臣：诸葛亮、法正、张飞和关羽四人，每人各五百两黄金，一千两白银，五千万两钱，赏了千匹锦缎，这是将帅中最高等级的赏赐。刘备任命法正为蜀地的郡太守和扬武将军。而后又命令法正和诸葛亮、刘巴、李严和伊籍五人一起编撰《蜀科》，使得刘璋以往的松弛政策有了改善。法正在军事上是个天才，但是在这种事情上却显得有点吃力了，他只知道墨守成规，对于变通那是想都不敢想。

《蜀科》颁布之后，因为里面的一些法令触犯了当地豪强的权益，致使他们极大地不满，甚至还采取了一些消极的态度来抵制蜀汉政权。针对这件事情，法正给诸葛亮说出了当年刘邦入关时与当地的民众约法三章的故事，认为可以让主公效仿汉高祖，采取"缓刑弛禁"的政策，对他们放宽约束。但是在诸葛亮看来，盲目的仿造汉初时的法度是不对的，应该要学会变通，因时制宜。并且还给法正写了一封信——《答法正书》，信中他讲明了其中的利害关系，并告诉他最终的意思。《答法正书》中这么说道：你只知道其一，并不知道其二。秦国因为暴虐无道，百姓怨声载道，天下有志之士，振臂一呼，秦国四分五裂，汉高祖正是因为这个才成立了国家，所以采用那些方法来安抚百姓。而刘璋自身软弱无能，自他管辖以来虽然是爱护百姓，但是他的法制松散，官员大臣都互相吹捧，在政治上毫无作为，刑法也没有威慑力。现在蜀地中的很多人，都因为自己手中有权而自恃自傲，君臣之礼在他们这里形同虚设；得宠的人处高位，位分低的人身份也是低贱，如果就顺着这个规律下去，对治理朝政很不利。所以说效仿汉高祖是十分错误的，理当像现在这样。而我们现在有严明的法律，但在执法中也无外乎恩情，限制了他们的爵位，但在加官晋爵的时候他们才知道光荣；治理国家就应该恩威并济，上下有序。这才是治国的关键所在啊！

公元219年，刘备带着军队南下沔水，和张郃一战。法正则是采取声东击西的方法，给刘备制造机会，连夜突袭。张郃抵挡不住刘备的大军，向夏侯渊求助。

夏侯渊给张郃拨去了一半的精兵，自己则带着其余的士兵镇守在南线。接着刘备又派人偷袭走马谷，给他们烧了一把火，这边夏侯渊带着士兵忙着救火，哪还顾得上其他。这个时候，法正提议趁机攻打夏侯渊，夏侯渊没有防备，被黄忠斩杀，曹军溃不成军。从这之后，刘备真正把握住了汉中之战的主导权。

公元220年，刘备的谋士法正死去，终年只有四十五岁。法正的死使得刘备非常伤心，连着哭了好几天。赐谥号为"翼侯"。

## 张昭：助幼主立威的谋士

▶ 人物名片

张昭（156—236），字子布，徐州彭城县（今江苏省徐州市）人。开始的时候，张昭跟着孙策打天下，孙策死后，孙权称帝，这个时候，张昭已经年老多病，但还是尽心尽力的辅佐着幼主。张昭死的时候，终年八十一岁，谥号为"文侯"。

▶ 人物风云

张昭年轻的时候，已经是江东一代比较有名气的文人雅士了，他博学多才，为人十分的谦虚。当时的徐州刺史陶谦想要给他一官半职，都被他谢绝了。陶谦以为张昭没有将他放在眼里，于是下令将张昭拘禁起来。直到后来被赵昱搭救才得以出来。

公元175年，张昭只有二十岁便被举荐为孝廉，但是张昭却没有接受。

东汉末年的时候，中原动荡不安，张昭和其他的民众一样，逃难来到了江南，被孙策看中，受到了重用，做了长史和抚军中郎将的职位。孙策十分欣赏张昭的才华，他管辖的地方所有的重要事务都交给张昭处理，孙策能够打平江东，张昭功不可没。也正因如此，张昭也受到了北方士大夫的尊敬，他们在书信中曾多次提到过张昭，并且对他十分称赞。对于这件事情，孙策不但没有怀疑，而且还潇洒地说："想当初，管仲辅佐齐国的时候，人们都将他称为仲父，而将齐桓公称为霸者宗。现在张昭的贤能之名遍布天下，我还能够任用他，我可不能独占这个功名啊！"从这里也可以知道，张昭的地位和昔日管仲的地位是一样的。

公元200年，孙策遭人谋害。这个时候张昭四十五岁，周瑜只有二十六岁，鲁肃也只有二十九岁，孙权才十八岁。要将江山托付给谁，就要慎重考虑了？

孙策临死之前交代孙权说，内事你决定不了的可以去请教张昭，而外事不知道的则是可以问一下周瑜。

随后，孙策单独召见了张昭，说道："如果我的弟弟孙权成不了大器，你尽管取而代之。如果以后的战事不顺利，局势扭转不了的情况下，你们也可以归顺朝廷。"

孙策去世之后，孙权十分伤心。张昭劝慰孙权说道："你是孙策的弟弟，你继承了帝王的位置，而你现在的负担要比创建帝业还要困难，你要做的就是让这个国家不断地强大起来，以此来成就大业。看看现在，天下都乱成一团，各方群雄纷纷举旗，如果只是一味地因为孝廉而悲哀不已，岂不是匹夫之情，毫无大志？"他还亲自将孙权扶上马，陈兵而出，这样所有的人才算是认可了他们的这个新帝王。

孙权按照孙策的嘱咐重任张昭。张昭还是担任长史一职。张昭是一个敢于直谏的人，如果孙权犯了错误，他就会毫不犹豫地指出来，他的这种做法对孙权来说是有好处的。有一回孙权大摆宴席，宴请群臣，并且还要求所有的大臣们一醉方休。张昭听到这个消息之后，马上离开自己的座位。孙权拦住他问道："我们一同高兴一番，你为什么生气呢？"张昭说道："当年，纣王建造酒池就是为了和大臣们寻欢作乐，那个时候他们以为是好事，实则并非好事，而是灾难的开始啊。"听了张昭的话，孙权感到十分惭愧。

公元208年，赤壁之战一触即发，张昭因为考虑到曹操打着天子的名号号令诸侯，会对孙权造成不利，于是便主张孙权投降朝廷，最终在主张迎战的周瑜等人反对下，没有实施。周瑜带着众兵将在赤壁一战，最后打败了曹操的大军。

赤壁之战过后，曹操曾经给孙权写过一封信，希望孙权将张昭除去，然后一起攻打刘备，恢复之前的友好合作关系。曹操只是劝说孙权要将张昭杀掉，而并不是杀掉周瑜，看来，在曹操的心中，张昭的威胁要远在周瑜之上。

公元232年，魏国大将公孙渊叛变，投靠了吴国。孙权很是高兴，想要给他封一个要职。但是张昭等对于公孙渊叛变一事多有疑问，认为这里面一定有诈，所以就集体上书阻止孙权。

而这一年，张昭在孙权身边已经有三十二年的时间了。孙权也由当时的毛头小子变成了一个年过半百的人，张昭这个时候已经七十八岁了，就这样，因为这件事情，两个人争吵起来。

在孙权看来，从他二十岁的时候就听从张昭的安排，如今都已经过去三十多年了。而每当吴国的官员在宫内是拜见孙权，而在宫外则是拜见张昭，由此也可以看出，孙权对张昭待遇可不薄啊！如今，孙权也已经有了决策的能力，而张昭还是凡事都出来阻拦，这使得孙权很不高兴。

于是，孙权手中拿着刀，直指着张昭。

张昭看到孙权这个样子对待他，不禁心里一酸，眼泪就要流下来了。

张昭哽咽着说："当年，你的母亲和你的哥哥把你托付给了我，叮嘱我好好地照顾你，但是他们却没有叮嘱你好好地照顾我。所以，只要我活着一天，我就要直言进谏一天，一直到我死去。"

孙权听张昭这么一说，心里也不是滋味，手中的刀也随之落地。

但是，两人唏嘘了一番，最终孙权还是没有听从张昭的话，而张昭为了抗议，竟然拒不上朝，这边孙权做得更绝，命人将张昭家的大门封上，让他一辈子也不要上朝。张昭看到孙权这样对他，他也不服弱，从里面用土将自己家的大门堵上，不让外人进来，就这样，两个年过半百的老人闹起了脾气。

后来，果然如张昭所说，公孙渊是诈降，还将吴国派遣的使者杀死。

孙权知道后，心中十分后悔不听张昭的话，几次派人去请张昭"出土"，他就是不应。无奈，孙权只有亲自去张昭的家里请这位倔强老人，但是张昭连君主的面子也不给，就是不出。眼看着这么僵持下去也不是办法，于是孙权在张昭家的大门口喊道："先生，您还在生气吗？快出来吧。"几声之后，里面毫无反应，孙权也生气了，他命令自己的手下放火，他就不信张昭不出来，眼看着火势越来越大，孙权心中也着了急，又赶紧让人灭火，最后，张昭在他儿子的搀扶下走出来了。孙权便将他带回了宫，心中也是十分的自责。

晚年时期的孙权，变得昏庸无能，脾气暴虐，滥杀无辜。朝中许多忠臣都被他找各种原因害死，其中就包括被孙权气死的陆逊。不过尽管这样，他对张昭却还是像从前一样，无论张昭怎么忤逆他，他都不会怪罪。张昭七十岁之后，就已经慢慢地退出了政坛，做起了一个悠闲的娄侯。不再涉足钩心斗角，也远离了世务的纷争，晚年的张昭安心做起了学问，其中《春秋左氏传解》和《论语注》便是出自他的笔下了。

公元236年，张昭的一生也走到了尽头，他吩咐自己的后事一切从简就好，就连进棺材时都没有替换衣服，孙权戴孝吊唁，并且赐了谥号为"文侯"，终年八十一岁。

## 鲁肃：孙刘联盟的捍卫者

### 人物名片

鲁肃（172—217），字子敬，临淮东城（今安徽省定远县）人。东汉末年东吴谋士、部将、战略家、外交家。他在孙权的帐下效力，周瑜去世后，他就代替了周瑜的位置。鲁肃去世的时候，年仅四十六岁，孙权亲自给鲁肃发丧，诸葛亮亦渡江吊唁。

### 人物风云

众人眼中的鲁肃夹在诸葛亮和周瑜之间，一直以老好人、和事佬、忠厚有余、才智不足的形象示人，还经常被周瑜、诸葛亮愚弄。在单刀会上，关羽把鲁肃吓得差点尿了裤子。那么鲁肃真是如此蠢顿、胆小之人吗？答案当然是否定的。毛氏父子曾评价鲁肃说："人们只知道他为人谨慎忠厚，却不知道他的慷慨，只知道他的诚实，却不知道他的英明敏锐。"

鲁肃实际上是高于周瑜，和诸葛亮并肩的人物。鲁肃的墓碑上有副对联对鲁肃的一生做了最客观的评价，对联这样写道："扶帝烛曹奸，所见在荀彧上；侍吴亲汉胄，此心与武侯同。"对联的意思就是说，如果在魏、蜀、吴三国各自选取第一谋士的话，就是荀彧、诸葛亮和鲁肃三人。而《三国演义》这本书能够出现在世上，其中贡献最大的应当是鲁肃。因为他建立和维护了孙刘联盟，才出现了后来三分天下的局面。

鲁肃死后，孙权、刘备关系恶化。先有关羽之死，后有刘备之败。结果蜀国和吴国变得更加弱小，魏国却日益强大，大大加速了两个国家的灭亡。可见，鲁肃是影响三国局势的重要人物。

实际上，鲁肃并不是斤斤计较，咬文嚼字的读书人，相反，鲁肃的性格豪爽，乐善好施。汉末天下大乱之际，鲁肃非但没有派人保护好自己的财物，反而用自己的财物赈灾济世。周瑜当居巢长之时，曾带领数百人拜访鲁肃，请他资助一些粮食。当时，鲁肃的家里有两个圆形大粮仓，每仓装有三千斛米。周瑜刚表明借粮之意，鲁肃就毫不犹豫，立刻将其中一仓（225000千克）粮食全部赠送给他。

自此周瑜与鲁肃两人建立了如同春秋时期的公孙侨和季札一样牢不可破的朋友关系。

鲁肃的名声也传到了袁术的耳中，于是袁术就聘请鲁肃为东城长。鲁肃觉得袁术德才不足以成就大业，就离开袁术。后来通过周瑜的推荐，成了孙策的参谋。

鲁肃并不像影视剧中那般文弱。史书说，鲁肃体貌魁奇，喜欢击剑骑射。他曾经把少年们召集起来，给他们提供衣食，让他们在山中射猎，讲武习兵。传闻袁术派人追赶鲁肃之时，鲁肃让人把盾牌立在地上，开弓远射竟将盾牌射穿。

一直属于武将行列的鲁肃帮助吴国拟定规划，辅佐孙权称帝。在孙策死后不久，鲁肃的祖母也去世了，于是他就请假回家。在家期间，好友刘子扬写信劝他北上去投奔郑宝。本对孙权不太看好的鲁肃接受了刘子扬的劝说。临走之前，鲁肃去向周瑜告别。周瑜不想让自己的好友就这样一走了之，于是他对鲁肃说："当初马援答光武云'当今之世，非但君择臣，臣亦择君'。"孙权虽然还年幼，但是他亲近贤臣，对有才能之人也很看重。有位大师曾经说过，能够取代刘氏王朝的，一定在东南出现，按照如此推理，那这个人应该就是孙权。经过周瑜的一番劝阻。鲁肃最终改变了主意，留在了吴国。

鲁肃得到了周瑜的大力推荐。一次宴罢之后，孙权把鲁肃单独叫到房中对饮。孙权说："当今汉朝王室濒危，四方英雄群起，我继承了父亲和哥哥的事业，想要有桓文那样的功劳。您既然已经留在了我的身边，那么依你看我该怎么做呢？"鲁肃回答说："想当初刘邦和项羽之间的帝王之争，最后以项羽的失败而告终，而现在曹操就如同昔日的项羽一样，将军您怎么才能成为桓文二公呢？"鲁肃的意思是汉室败落的局势已经不可逆转。但是，也不会出现像战国时期那种王室衰落，诸侯并立的局面。现在的天下格局和楚汉相争时期相似，如今想要称霸是不可能的。短期之内，强大的曹操不可能灭亡。我们现在的计划是与曹操划江而治。等到机会成熟，再与曹操一战。东吴的对手现在也只有曹操一人。因此，东吴应该驻守江东，看天下形势再取荆、湘，以图天下。这一战略方针后来成为东吴的基本国策，在东吴建国初期，始终贯彻在实际行动中。

鲁肃的规划和劝解大大出乎了孙权的意料。那时候孙权只是想要割据一方之地，而并没有统一天下的远大志向。孙权因此得出结论："鲁肃，绝对是张子房一样的人物。"张昭、周瑜都没有鲁肃这样的眼光。于是孙权决定把鲁肃留在身边，甚至有一个月的时间里，两人朝夕不离。

孙权实施了鲁肃的战略方针，从建安六年至建安十二年先后占领和巩固了扬州六郡，建安十三年春，黄祖被孙权讨灭，江夏也被孙权占据，开始窥伺荆州。

公元229年，孙权称帝。他登坛祭天时，对朝中之臣说："昔鲁子敬尝道此，可谓明于事势矣。"由此可见，鲁肃绝对是孙权称帝的第一功臣

鲁肃曾在危险中力挽狂澜，建立和维护了孙刘联盟。

赤壁大战前，曹操八十万大军压境。鲁肃北上，刘备南逃，两人在长坂坡会面。鲁肃向刘备表明了江东的形势，并极力说服刘备与孙权"并力"抗曹。当时正处于危险之中的刘备很快同意了鲁肃的建议。经过深思熟虑之后，孙权也接受了鲁肃的建议把荆州送给刘备，还将自己的妹妹许配给他。曹操听说孙刘联盟之后也震惊不已。

虽然鲁肃极力联合刘备抗曹，当时刘备只不过想要利用东吴，壮大自己的势力，所以消极抗曹，限制东吴。在益州的问题上我们可以看出刘备的野心，只许州官放火，不许百姓点灯等。单刀会就是双方开始破裂的前兆。鲁肃本性忠厚，没料到刘备是言而无信的无耻小人。本以为刘备对东吴没有什么威胁，没想到却成为东吴发展最大的阻碍。

鲁肃过去曾有粮食两仓，又担任数年大都督。本应家财万贯的他，生活十分节俭，不爱修建亭台楼阁，不沉湎酒色。在鲁肃治军期间，即便军务再忙，也手不释卷。空闲之时与人谈起军务更是滔滔不绝。

有一次他到吕蒙的驻地巡查，交谈之时，竟然被吕蒙的问题难住。吕蒙问他，你和关羽隔江相对，有什么计策能对付他。鲁肃未来得及思索随口说道："随机应变吧。"吕蒙随即提出五套计谋用来对付关羽。看到吕蒙口吐莲花，鲁肃大为震惊。他走下座位，拍着吕蒙的背说："我未料到，原来你竟然有如此的谋略。士别三日，当刮目相看啊。"这也是成语"士别三日，当刮目相看"的出处。

公元 217 年，鲁肃去世，终年四十六岁。

鲁肃死后，孙权的政治倾向开始倒向了吕蒙一边，孙刘联盟彻底破裂。孙权在鲁肃死后曾客观的评价说："公瑾曾经将鲁肃邀到东吴，把他举荐给了我，而我也和他在一起饮酒闲谈过，所说的无非就是如何成就帝业的事情，这是一件大快人心的事。后来，曹操把刘琮的兵力掌控了之后，曾经扬言要带着所有的士兵讨伐我江东地区，当时，我问过营帐中的所有将领，商讨应敌的对策，当我询问张子布和秦文表的时候，他们都建议我给曹操写一封信，然后派人迎接曹操。只有鲁肃立马反对说不可以，还规劝我赶快将周公瑾召回，命令公瑾亲率大军和曹操对抗，这称得上是第二件大快人心的事情。鲁肃的才智和谋略远在张仪、苏秦等人之上。虽然说，后来鲁肃劝解我把荆州给了刘备，这是他的一个错误的决定，但是也不能够因为这样而将他的长处抹去。"在三国的人物之中有长远的战略眼光，能够看清各方局势的，有三个比较突出的人：诸葛亮、沮授、还有一个，就是鲁肃。

鲁肃为人方严，生活俭朴，治军有方，又勤于学，虽在军阵，手不释卷，善谈论，能属文辞，深谋远虑，有过人之明，非一般尚武之人可比，对促成周瑜与诸葛亮的合作，维护孙、刘联盟的大局，为赤壁之战的胜利，三国鼎立局面的形成，起到了积极作用。

鲁肃死后不久，孙权派吕蒙袭取荆州，孙刘联盟完全破裂。吴、蜀爆发大战。

# 神勇武将——马上英雄显神威

## 吕布：狼子野心痴情汉

### 人物名片

吕布（？—198），字奉先，五原郡九原县（今内蒙古自治区包头市西北）人，吕布是东汉末年的一员名将，汉末群雄之一。吕布曾经先后成为丁原、董卓的大将，还曾经效力于袁术，自称徐州刺史，自成一方势力，在建安三年时候于下邳惨遭曹操的杀害，吕布的"三国第一猛将"的形象已经在人们的心中生根发芽。

### 人物风云

吕布的祖父离世之后，他的父亲吕良继承祖父的大业，后来娶黄氏为妻，黄氏为五原郡补红湾人，是当时一家大户富豪财主的女儿。黄氏聪敏贤惠，琴棋书画，样样精通，而且知书达礼，最擅长的就是染织。有一天，黄氏跟随自己的夫君前往白马寺庙拜佛求子。回来的时候已经非常晚了，黄氏做了一个奇怪的梦，有一只猛虎向自己扑来，情急之下，黄氏急忙呼唤丈夫前来打虎，谁知老虎却温顺地卧在黄氏的身旁。回去没有几天，黄氏就有了身孕，全家上下欢呼雀跃，但是已经怀有十二个月的身孕仍没有生产的迹象，吕家陷入焦虑之中。

后来，黄氏到染织坊做事，忽然屋外有人大声叫嚷。百姓听闻纷纷出门观看，只见当时西北方向的上空出现彩虹，光彩夺目，此情此景甚是奇异。紧接着五原顿时地动山摇。这时，黄氏感觉身体不适，腹中疼痛难忍，羊水外溢，再难行走半步，整个人蜷在布匹上面，一会儿工夫只听见一个男婴的啼哭声，吕布就这样出生了。

男婴降生之后，更是非常奇怪，只见脐带自行断截，双眼炯炯有神，两个小拳头紧紧握住，站立在母亲的面前，黄氏被这一幕吓呆了，急忙擦掉儿子身上的污物，紧紧抱在怀中。回家之后，将刚才所发生的一切讲给丈夫听，吕良心中大快："我儿子是天上的神仙降临啊。"因为出生在布上，所以起名为吕布。

吕布自幼随母亲习文作画，而且聪慧好学，一点即通，还有着过目不忘的本领。这样一个天真活泼的孩子实在讨人喜欢，但是也有让人担心的时候，吕布生性好斗，而且力大过人，尤其喜欢舞枪弄棒，身高和体重均超过常人，年纪相仿的孩童没有一个人敢和他在一起玩耍，各个避而远之，而和女孩在一起的时候，吕布就会变得温顺体贴，简直是判若两人啊！

从小吕布就特别喜欢和大人们待在一起，喜欢问这问那。吕布特别喜欢骑马，只要见到马就会异常兴奋，五岁的吕布就开始跟随牧马人去野外放马，每一次他翻上马背都会手舞足蹈一番，然后手持木棍就像一名威武的勇士一样，那时的他就已经可以手持棍刺猎杀野鸡、野兔。在七岁的时候，吕布可以单独骑马在山上追击野狐、山鹿，从来都不会空手而归，时常将比自己重几倍的小马驹抬起来玩耍，有时候还会将其举过头顶。

在吕布九岁那一年，跟随自己的父母去补红湾拜看望外公，外公非常高兴，特意杀羊进行招待，几个大人奔跑在羊群中多次不能得手，吕布心中实在着急，便亲自出马，大人们一个个用诧异的眼光注视着他，只见他上去不费吹灰之力生擒两只羊，旁观者甚是惊叹，外公见到这种情况甚为高兴，当场许诺送给吕布一匹好马。从此之后，吕布日日与马相伴，精心料理，爱马已经到了如痴如醉的地步。

在十一岁的时候，匈奴、汉族在白马寺庙举行隆重的庆典仪式，吕布跟随父亲前去参加，由于他的骑技超人，在赛马比赛中，夺得了骑手的荣誉。随后，又观看了摔跤比赛，天生好斗的吕布，他见到摔跤手们屡战屡胜，逞一时之勇，冲入赛场，大声喝道："让我来试一试！"

摔跤胜者看到吕布不禁笑出了声，当时的吕布还仅仅是一个孩童，所以那些人根本就没有将他放在眼里，顷刻间二人便撕扯在了一起。在经过几个回合的较量之后，小小的吕布竟然把身高与体重均超出自己几倍的大力士摔倒在地，一时间轰动了赛场，众人纷纷欢呼，称呼吕布为大力士神童。从此之后，吕布成了五原地区家喻户晓的童星，人人皆知，其名号更是如雷贯耳，这让吕布的父母感觉无比自豪。

吕布因为骁勇善战，被州刺史丁原任为骑都尉，后来屯居在河内，担任主簿一职。汉灵帝驾崩之后，丁原入京和大将军何进杀死了许多宦官，被任命为执金吾。吕布虽然可以称得上是一个能人，但是他却也是一个贪财好色之人。董卓入京后，他也了解到吕布的为人，随即下令派李肃前去丁原的家中，赠送赤兔马让吕布将丁原除去，然后把吕布收为己用，不久之后，又将吕布认作自己的干儿子。董卓的势力强大，逐渐掌握朝政大权。

在关东军出兵讨伐董卓的时候，吕布也曾参战，但是心高气傲的吕布与大将胡轸不和，以至于让孙坚有机可趁，最终导致失败，董卓挟天子以令诸侯，迁都长安。董卓本性凶暴，不得人心，因此经常将吕布唤作自己的侍卫和守中阁，而且董卓生性多疑，曾因为一点点失误就向吕布掷出手戟。曾经吕布和董卓府中的婢女有染，事出之后又怕被董卓发觉，吕布经常寝食难安。

当时的貂蝉本是司徒王允门下的一名歌妓，为了彻底清除董卓，王允便将这位貌美如花的女子指婚给吕布，想要让她从中离间董卓父子，而貂蝉也不辱使命。先是迷住了吕布，后又看呆了董卓，而吕布好色如命也是众所周知的事情，看到自己的义父想要霸占貂蝉，心中自然不高兴。就这样，董卓和吕布之间的关系也逐渐疏远了，吕布为此大闹凤仪庭，父子从此反目成仇。王允的一招美人计，诱导吕布除掉了董卓。

王允等人除掉董卓之后，继而拉拢吕布，吕布欣然接受，被任命为奋武将军、假节，册封仪式可与三司相媲美，后又晋封为温侯，和王允同掌朝政大权。

张邈接受陈宫的意见，决定邀请吕布率兵进攻曹操管辖的兖州一地，此时曹操正忙着东征徐州的陶谦，在得知此消息后便即刻班师回朝，和吕布展开激战，但是吕布终究不是曹操的对手，兵败之后，又投靠到刘备的麾下，刘备任命他为屯兵小沛。刘备和袁术发生矛盾，吕布借此机会攻克徐州，以徐州牧自居。刘备败北之后，便前去投靠吕布，吕布反过来也让他屯兵小沛。

随后，刘备东山再起，和袁术有形成了对峙的局面。

袁术与刘备相争，吕布为了避免袁术攻克泰山寇，继而对自己造成威胁，便出面相助袁术，在辕门射戟将此事做了一个彻底地了断，之后，在陈圭的教唆之下，吕布和袁术的盟友关系破灭，继而转向曹操的阵营，希望可以和曹操结盟，谁知袁术竟然让陈圭的二子陈登和曹操有了往来，从此陈登成了曹操的内应，目的就是为了讨伐吕布。

东汉建安三年，曹操出兵攻打吕布的根据地下邳，吕布虽然勇猛，但却是一个有勇无谋的庸才，而且生性多疑，自持己见，坚决不采用陈宫的建议，诸将之间互相不信任，因此屡战屡败。被曹操围困三个月之久，断水围城，吕布的营中可以说是一盘散沙，而且上下离心，其部下相继成为叛将，甚至有些士兵将陈宫绑架，以此要挟吕布希望可以保住自己的性命，吕布自知大势已去，于是下令让自己的手下将自己的首级交到曹操的手里，左右将领不忍下手，于是，吕布在十二月癸酉宣布投降。

吕布被五花大绑的捆到了曹操的跟前，那个时候刘备正要和曹操联手对抗袁术，吕布要求为自己松绑，曹操大笑道："捆绑老虎怎能不紧。"吕布说："现在曹公可以得到我，如果可以让我率领骑兵，曹公亲率步兵，如此一来便可以统一天下了。"曹操听得心动了，于是便问刘备，刘备说："曹公您已经亲眼所见吕布是怎样对董太师了吗！"吕布死前说："大耳儿刘备最不能相信。"最终，吕布被缢杀，枭首。

# 夏侯惇：忠心耿耿的无用将军

▶ 人物名片

夏侯惇（？—220），字元让，沛国谯（今安徽亳州）人。曹操帐下的一员大将，他祖上是西汉开国功臣夏侯婴。夏侯惇当时担任折冲校尉一职，被封为高安乡侯，谥号为"忠侯"。

▶ 人物风云

夏侯惇是曹操比较信任的人，有人可能会说，像曹操这种多疑的人，怎么会对夏侯惇毫无防备呢，这就要从他们俩之间的关系说起了。

当初，曹操的爷爷是一个太监，没有子嗣，于是便领养了一个孩子，这就是曹操的父亲曹嵩。史书上记载，曹嵩是夏侯家的后代，亦是夏侯惇的叔叔。而曹操和夏侯惇的关系是堂兄弟。

除了这层关系之外，还有一层更加亲密的关系，他们两人还是亲家。曹操的清河公主嫁给了夏侯惇的儿子夏侯楙。这样的关系也使曹操对夏侯惇无比的信任。

当时，曹操带兵叛变董卓，夏侯惇就义不容辞地跟随左右，曹操做了奋武将军，而夏侯惇便是军中司马。

从此之后，夏侯惇就正式加盟在曹操的营下，对他是忠心耿耿，鞠躬尽瘁。曹操对他也不薄，将很多重要的任务交给夏侯惇去做。

尽管这样，夏侯惇在军事上的贡献却是屈指可数，能够搬得上台面的战役也就属于那次吕布带兵偷袭兖州了。当时，曹操领兵在外，吕布带兵突袭曹操的营地，幸亏是夏侯惇拼命抵抗，才没有让吕布带走曹操的家眷，没有对曹操造成威胁。除了这件事情，历史上对夏侯惇这个人介绍最多的还是他的败绩，夏侯惇不能说是一个常败将军，但是怎么说也不是一个战功赫赫的大将。

公元190年，为了招募新兵，夏侯惇跟着曹操来到了扬州。在地方官员的协助下，招了四千士兵，最终因管理不周，使得这些新兵造反，还将曹操的帐篷给烧了。最后曹操不得不拿起手中的利剑，一连杀了几十个叛兵才将这场战乱镇压下来。

公元194年，曹操带兵东下，征讨徐州，让夏侯惇带着部分的士兵，看守自己的老窝兖州。不巧的是，兖州的豪强张邈和陈宫等联手吕布起兵叛乱，将兖州的大部分地区据为己有。不仅如此，吕布还趁这个机会，发兵去了甄诚，而这里就是曹操家人居住的地方。为了防止曹操的家人被抓走，夏侯惇只能弃小保大，带兵匆忙赶去甄诚。冤家路窄，还没到甄诚，便中途和吕布的军队照了个正面。这次战役应该称得上夏侯惇为数不多的胜仗。最终虽然打败了吕布，没有让鄄城失守，没有让曹操的家眷沦为人质，吕布占了濮阳，将夏侯惇所有的军用物资全部缴获。

不仅这样，吕布还略施小计派遣一个使者前去诈降，没想到夏侯惇却信以为真，最后落得个被擒的下场。这些人还有一个条件：要想换回夏侯惇，就要交出军中所有的金银财宝，不然的话，夏侯惇的小命可就不保了。所有的士兵们听到这个消息都乱作一团，主将都没有了，这场战役胜负也就分出来了，甚至有一些士兵已经站到了吕布的那一边。

幸亏，夏侯惇手下的一员将领韩浩也在，没有让这种情况继续恶化下去，而是稳住了军心，让战士们不要慌张。只见韩浩一个人到了劫持者的面前，告诉他们，哪怕夏侯惇在他们的手中，也是没有什么用的，一面还哭着给夏侯惇说，自己无论如何都不会向劫持者妥协的。把该说的说完，韩浩一声令下，所有的士兵一哄而上，将这些诈降者和叛变者通通杀死，才免除了一场危机。曹操知道这件事情之后，还颁布了一条法令，如果再遇到类似的事情，不用顾忌人质的安全。

这件事情过去没有多久，曹操便将自己的精兵从前线撤回兖州，和吕布的军队开始了一场兖州争夺战，这一战就是一年多的时间。而主将夏侯惇的身影自然也出现在战场上，要说夏侯惇还真是点背，一件大的功劳没有立过不说，这一战还让他失去了一只眼睛。从这之后，军中的将领在私下都将他称为盲夏侯。这个消息传到夏侯惇的耳朵里，心里十分恼火，但是又不好说什么，只有自己对着镜子生气，为此他不知摔碎了多少镜子。人们都说，军人身上有伤是一种光荣，但是像夏侯惇这样，没有战绩不说，连自己的身体都保护不好的将军，说是光荣实在有些牵强，也难怪他乱发脾气。

公元 198 年，徐州战场上出现了夏侯惇的身影，他是奉了曹操的命令前去支援刘备的，却又和自己的老朋友吕布碰上了。这一次，夏侯惇没有帮上忙不说，还被吕布的手下高顺打得节节败退。不仅如此，因为夏侯惇的失败，使得深处困境的刘备变得不堪一击，最后只能丢盔弃甲，落荒而逃，赔了夫人又折兵，家眷都落在了吕布的手中。

公元 202 年，这年冬天，夏侯惇再一次出现在战场上，他是这次出征的主将，前去征讨在荆州居住的刘备，刘备和夏侯惇在博望坡展开了一场激战，这一次，夏侯惇的失败也是在意料之中的事情。

就在两方打得如火如荼时，刘备突然把自己的营地烧了，之后就带兵撤退，他的这一举动在夏侯惇的眼中，就是落荒而逃，是个败象，应该乘胜追击。但是他的副将李典却并不这么想，他认为刘备还没有征战多久就撤退，实在是不寻常，其中必定是设下了圈套，就等着我们的大军上当，再看看他撤退的路线，一路上都是一些崎岖坎坷的路，路边灌木丛生，很适合埋伏，所以不可贸然追击。所以他建议夏侯惇不应该在追击了，眼看着好不容易有一场胜仗，夏侯惇怎么可能会放弃这个机会，于是将李典的话当成了耳旁风，依然坚持带兵追击，在中途遭到了伏击，夏侯惇的军力损失惨重，如果不是李典及时救援的话，不仅全军覆没，就连夏侯惇自己的生命也难保啊！最后夏侯惇顺利脱险，他的部将夏侯兰被刘备俘虏。

从上面这些战役中，我们了解到夏侯惇这个人。他就是一个有勇无谋的匹夫而已，无论是领兵打仗还是看守家园，都不及其他的将领。即便这样，他依然是曹操父子最为信任的人。

如果放在其他的人身上，自己手下竟然有这么一个将领，早就让他下马去马棚了。但是曹操父子为什么偏偏就这么看重夏侯惇呢？还是一句话，那就是亲戚。

在经历过这么多次的失败之后，曹操并没有放弃对夏侯惇的提拔和锻炼。看着他也并不是带兵打仗的料，于是便就给他了一些其他的职位。营救刘备失败后，夏侯惇基本上就不出现在战场上了。

到了官渡之战的时候，夏侯惇是一个地方的行政官员，没想到，军事上毫无作为的夏侯惇，在地方管理上还是有一套的。当时，夏侯惇所管辖的地区，正好赶上了天气大旱，蝗虫遍布，如果不及时治理，那么今年就可能颗粒无收。这个时候，夏侯惇便命令将太寿河的水截断，在这个基础上修建了一个蓄水陂塘，并且还亲自上阵搬运泥土，以此来带动大家的积极性，他让人们在水中种植水稻，这也就彻底解决了粮食问题。

这也是让曹操没有想到的，原来夏侯惇的才华并不在于军事，而是在于治理地方上。

除此之外，夏侯惇的个性也深得曹操的赏识。夏侯惇早年的时候跟着老师学习，有一次，有人当面羞辱了他的老师，夏侯惇很生气，便将这个人给杀了，从这里也可以看出，夏侯惇是一个性格刚烈之人。就算后来，夏侯惇身处军营之中，却一直没有荒废学习，他还为自己聘请老师来传授他学业，这在整个三国时期应该都是绝无仅有的。

而夏侯惇本人是一个比较简朴的人，虽然他的官职一直很高，并且有着很丰厚的待遇，但是所有的多余钱财，他都会分给其他的人，也不会额外购置私人产业，是一个当之无愧的好官。而他的这个秉性和曹操节俭的主张十分的合拍。

这也难怪，为什么夏侯惇这样的一个"无用"将军，却深得曹操的喜欢。因为无论在什么朝代，什么职位，夏侯惇这样的人就是最好的助手和可信之人。夏侯惇死后，曹操的儿子还缅怀到："夏侯惇是魏国的大功臣，他的功绩应该用竹帛给他记录下来。况且我是魏国的君主，怎么可以忘记他的功劳呢！"

公元220年，这位将军去世，谥号为"忠侯"。

## 夏侯渊：有勇无谋白地将军

> 人物名片

夏侯渊（？—219），字妙才，沛国谯（今安徽亳州）人。东汉末年曹操部下名将，夏侯惇族弟。擅长千里奔袭作战，曾率军驻凉州，逐马超、破韩遂、灭宋建、横扫羌、氐，虎步关右，所向无前。官至征西将军、假节，封博昌亭侯，谥曰"愍侯"。

> 人物风云

夏侯渊是曹魏的名将，在三国时期对曹操集团的发展和强大起了十分重要的作用。虽然在后世出现的文学作品中，夏侯渊多被塑造成为一个非常平庸的将领，但是历史上的夏侯渊在曹魏武将当中所发挥的作用却是十分罕见的。夏侯渊在曹操统一中原的战争中表现了自己杰出的才能，后来更是独当一面，镇压了凉州地区割据势力的反叛。曹操每一次交给的任务都被他出色地完成。但最后在汉中定军山一役中，这位出色的军事将领却被老将黄忠杀死。夏侯渊被杀死之后，刘备命人将他厚葬。

西晋陈寿所著《三国志·夏侯渊传》记载，夏侯渊是夏侯惇的同族兄弟。但是他与夏侯惇的关系却没有和曹操亲密，因为他的妻子是曹操的小姨子，所以夏侯渊也是曹操的连襟。

夏侯渊与曹操的亲密关系史料中记载：曹操还没做官之前曾经在谯县犯过法，要被治罪的时候，夏侯渊却站出来替曹操顶罪，曹操得以脱险，而夏侯渊却被关入了监狱。后来曹操联系各方势力才使其免于一死。大概这也是后来曹操重用夏侯渊的原因之一吧。

夏侯渊也和其堂兄夏侯惇一样，从曹操起兵反对董卓暴政的那一刻起，便加入了曹操集团。他曾被任命为别部司马、骑都尉等官职。曹操对于夏侯渊和夏侯惇两兄弟，采用的是不同的培养方法，虽然两人都是先被任命军队职务，然后再管理地方工作，但是夏侯渊工作的重点是在地方。夏侯渊曾先后被任命为陈留、颍川两郡的太守。到曹操、袁绍进行官渡之战的时候，夏侯渊也只是一个小小的代理督军校尉，负责后方驻军的日常管理。官渡之战后，夏侯渊又被任命为指挥官，负责监督调运徐州、豫州、兖州的军粮，在曹军军粮供应方面起了关键性的作用。因为军队粮草得到了保障，使得后来曹军在平定河北的战役中，很少出现粮草告急的现象，从而极大地鼓舞了曹军将士的士气。虽然在指挥粮草调运方面夏侯渊表现出色，但是他的军事才能却是始终没有发挥出来。公元201年，徐州叛乱爆发，夏侯渊的军事才能得以施展，曹操派他与张辽一起联合进攻昌豨，也展露了这位帅才的勇猛果断。

第一次作为主帅出现在战场上的夏侯渊，他的敌人是叛军昌豨。昌豨本是徐州地方豪强之一，后来在吕布驱除刘备攻占徐州之时，与吴敦、尹礼、孙观、臧霸等其他徐州豪强们一起投靠了吕布。当吕布被曹操杀死之后，这几个豪强又像墙头草一样投靠了曹操。当时，正在着手准备与袁绍在官渡决战的曹操，对这群人采取了拉拢和利诱的方法，分别授予几人官职，使他们在徐州地区的地位得到保证。但是昌豨却心存不满，刚刚打响官渡之战，他就投靠了刘备，公然开始反曹。但是当时刘备实力太差，很快在曹操的打击下逃离徐州投靠荆州的刘表去了，最后只剩下昌豨还在徐州顽强抵抗。曹操虽然竭尽全力，但是由于昌豨盘踞徐州多年，无法将他彻底击溃。夏侯渊就是在这种情况下，被派到徐州镇压昌豨叛军的。

因为夏侯渊初临战场，没有丰富的作战经验，围攻昌豨数月而无果。不仅如此，军队的军粮已经消耗殆尽，曹军处境艰难。在夏侯渊有意撤军之时，张辽却坚持认为昌豨应该同曹军一样精疲力尽，应该派人前去与之谈判，使战事尽快得到解决。于是夏侯渊派人与昌豨会谈，并成功诱使昌豨出城与张辽会面。昌、张两人会面之后，张辽对昌豨晓之以理、动之以情，而后又单枪匹马，孤身去三公山上昌豨的家中拜访他的家人。最终昌豨被张辽的冷静和沉着所感化，随后他和张辽一起拜见了曹操表示归顺之心。夏侯渊初出战场能够采纳张辽的正确意见，并使叛军最后得以归顺。这让曹操很是意外。

之后不久，黄巾军余党、司马俱、徐和等人发动叛乱，曹操派夏侯渊和泰山太守吕虔同去镇压。夏侯渊在军事方面的潜力在这场战役中又一次得到了发挥。夏侯渊和吕虔一起经过数十次的大小战役，终于把叛军平定，并将徐和斩首，俘虏数千叛军。夏侯渊因为出色的表现被曹操授予典军校尉的官职。夏侯渊通过这几次的战斗积累了丰富的作战经验，开始拥有自己的作战风格和特点。对于夏侯渊军事才能的不断进步，曹操心生喜悦。

昌豨投降曹操后不久，心中又不安分起来，再次发动了叛乱。曹操先派出大将于禁前去征讨，结果无功而返，随后，他又想起了曾战胜过昌豨的夏侯渊。于是，就让夏侯渊率领大军与于禁一起平定昌豨。信心满满的夏侯渊，很快将昌豨打败，昌豨受降被杀。

几经战争之后，夏侯渊的军事才华得到了进一步展现。赤壁之战时也被委以重任，成为曹军的重要将领之一。公元209年，夏侯渊被任命去镇压庐江地区雷绪的叛乱，之后，被曹操晋升为代理征西将军，带领徐晃等人平定太原郡的叛军。很快叛军被夏侯渊镇压，首领商曜被杀，从此太原郡及周边地区的局势得到稳定了，为曹操内部局势的稳定发挥了关键性的作用。

不久后的关陇之战，更是让夏侯渊名震天下，从此成了三国时期的名将之一。

公元211年，曹操以讨伐汉中军阀张鲁为借口，派遣司隶校尉钟繇率领三千士兵进入关中地区，并派夏侯渊率军在后策应。得知曹军进攻的凉州各路军阀，迅速组建了以马超、韩遂为首的十路联军，并召集了大军十余万在潼关地区摆开阵势，准备和曹操进行一场生死对决。得知消息的曹操，马上派当时手握重兵的夏侯渊参加战争，投入到关陇战场上，最后取得了胜利。

关陇之战初，在渭南地区夏侯渊和叛军展开激烈的战斗，后又与朱灵等人一起平定了隃糜、汧氐，与曹操在安定会师之后，又将叛军的首领之一的杨秋逼降。

公元212年，曹操返回邺城之前，夏侯渊被任命为代理护军将军，率领朱灵、路昭等人驻守长安。屯兵长安不久，夏侯渊亲自率军大胜南山叛军刘雄，随后在左冯翊郑浑的配合下将叛军的首领梁兴和韩遂包围并斩杀梁兴。

曹操闻讯后大喜，提升夏侯渊为博昌亭侯。

公元213年，关陇部分地区被东山再起的马超叛军占据，凉州刺史韦康也被围困在冀城。后又有氐王、陇右地区其他的割据势力和汉中军阀张鲁等势力先后加入叛军势力，凉州局势开始变得严峻起来。

正在苦思破敌之策的夏侯渊得到一个天赐良机。同年九月，参加凉州军事的杨阜利用自己与驻守历城的抚夷将军姜叙自幼交好的关系，劝服姜叙一起反抗马超。很快在诸将领的相互配合之下，马超亲属悉数被杀，马超也逃离冀城投靠汉中军阀张鲁。在历城的马超集团也分崩瓦解。

公元214年，马超向汉中张鲁借兵杀回凉州并围困祁山。在该地镇守的姜叙向夏侯渊求援，夏侯渊派兵支援，很快便将马超赶出凉州的地盘，收回失地。此后，马超集团的残余势力未踏入凉州一步。

战胜马超之后，夏侯渊又凭借自己的军事才能平定了驻守在凉州地区以韩遂为首的另一个割据势力。至此，存在于凉州地区，最强大的的两支割据势力——马超和韩遂全部被夏侯渊消灭。

凉州地区的胜利让夏侯渊不仅获得了曹操的青睐，也使他在凉州各民族中树立了极大的威信。此后，夏侯渊成了镇守西北边疆的不二人选。夏侯渊真正的对手刘备，却让夏侯渊在汉中丧命。

因为夏侯渊的堂侄女是张飞的妻子，所以夏侯渊死后，张飞请求刘备厚葬了夏侯渊。后来当夏侯渊之子夏侯霸被迫逃往到蜀汉的时候，蜀汉后主刘禅还亲自接见了夏侯霸。自此，一代名将退出了历史的舞台。

## 张辽：勇字当先的猛将军

### 人物名片

张辽（169—222），字文远，雁门郡马邑（今山西朔城区大夫庄）人。三国时期曹魏著名将领。在合肥之战的时候，张辽率领八百军士大败孙权十万大军，且差点活捉孙权，创造了三国时期为数不多的以少胜多的著名战例，并凭借此战威震江东，名扬天下，有传言说吴国的孩童哭声不止，其母说："张辽来了"，孩童就不敢再哭了。张辽官至前将军、征东将军、晋阳侯。后人将他与乐进、于禁、张郃、徐晃并称为曹魏的"五子良将"。

## 人物风云

在曹魏集团中，张辽原本是个并不起眼的角色。他既不是曹军初创时期所看重的沛谯集团的成员，也不是名门贵族之后，只是一个来自北疆并州的降将。但是原本应该默默无名的张辽，最后却成了东吴集团最为忌惮的著名将领之一。而张辽的成长之路也颇为传奇。

张辽，本姓聂，字文远，汉末并州雁门郡马邑人。西汉"马邑之谋"的发动者聂壹是他的祖上。在西汉的时候久负盛名，但是家族到了张辽这一代就已经没落了。因为避祸张辽自己改姓为张。张辽的家乡，自东汉中期以来就多次遭受外族入侵，在这个形势混乱中的张辽，有了一个特殊的成长舞台。据《三国志·张辽传》中记载，年轻时候的张辽就以武勇在当地闻名，并在郡中担任小吏，年少有为的张辽又被当时担任并州刺史的丁原看中，将他提升为州从事。

东汉末年开始，宦官专权现象严重。为了让宦官的气焰有所收敛，大将军何进听取袁绍的意见，邀各路诸侯进京，张辽也到达京城洛阳。随后，何进让张辽去河北征兵，在张辽回来的时候，哪里会想到京城已经变天了。

公元189年，宦官们先发制人，大将军何进被杀死，随后数千宦官又被袁绍、袁术等人乘机诛杀，京城陷入混乱。这时，朝政被奉命进京的凉州军阀董卓乘机把持。董卓为了控制洛阳的局势，诱使吕布将丁原杀死，原来丁原所率领的并州部队也和吕布一并投靠了董卓。刚回洛阳的张辽迫于无奈，只好投靠到了吕布的麾下，并被董卓委任为骑都尉。

很快，董卓的篡权引起了各地诸侯和士大夫们的强烈不满，公元190年起，关东的诸侯组成联军开始征讨董卓，双方战事爆发。在这次战争中，董卓的部队虽然取得了一定的胜利，但也暴露出严重的内部矛盾。董卓的嫡系军队与吕布所指挥的并州军队两方的关系出现严重裂痕。关东联军虽然在战场上没有收获任何战果，但是董卓为长远考虑，还是决定避开关东联军的锋芒，迁都长安。迁都长安之后，因为貂蝉的关系，董卓与吕布这两位的关系日益破裂，最后竟直接发展成为双方的正面冲突。对董卓暴政一直不满的司徒王允利用这个机会，诱导吕布策反。公元 192 年，吕布和王允将董卓诛杀，董卓长达三年的朝廷专权就此结束。然而，王允、吕布等人随后在董卓残部处理的问题上产生了重大失误，引起了郭汜、李傕等凉州旧部的激烈反抗。郭汜、李傕等人募集士兵十余万人对长安进行猛攻，长安再次被凉州势力占据，司徒王允也在期间被杀，吕布、张辽等人被迫逃离长安流浪中原。公元 196 年，吕布终于将刘备赶走，独占徐州。第二年，跟随吕布多年的张辽被授予了鲁国国相的职位，成为吕布集团中重要的一员，当时他只有二十八岁。

公元 198 年，张辽和大将高顺一起向刘备发起进攻，并取得胜利，使徐州的局势得到了暂时的稳定。但吕布集团随着曹操集团的介入，也随之分崩瓦解。同年年底，曹操在徐州下邳将吕布抓获，并将其和高顺、陈宫等人一并杀害。张辽随后则带领吕布的残部向曹操投降，曹操将其封为中郎将，赐爵关内侯。从此以后，张辽成为曹军中的一名战将。

投靠曹操后的张辽军事才能很快得以显现。公元 200 年，官渡之战开始，战争之初，曹操任命张辽和关羽作为大军的先锋，被袁绍大军围困的东郡太守刘延因此被两人解救，张辽、关羽二人与袁绍大将颜良在白马地区展开激战，不但击败了袁绍军队，而且袁军大将颜良也被斩杀。张辽很快被曹操晋升为裨将军。官渡之战末期，张辽被下令镇守鲁国诸县。

官渡之战结束后，徐州豪强昌豨等人发动的鲁国各县叛乱，被张辽和夏侯渊一起平定。在东海一战中，由于张辽的坚持，使得曹军在粮草殆尽的困境中，成功扭转败局，使叛军归顺。随后发生的一系列的战争中，张辽也发挥了关键的作用。他先后打败袁谭、袁尚，攻克阴安将百姓迁移到黄河以南；之后张辽又成功招降赵国、常山等地几支农民起义军及黑山军孙轻部。并成功率军进入海滨地区，击败柳毅，出色完成曹操交付的使命。后来，张辽随曹操远征柳城，不仅大胜匈奴军队，同时匈奴单于蹋顿也被其成功斩杀。张辽凯旋回到邺县时，曹操不仅亲自出城迎接，载着张辽一同进城，而且将张辽晋升为荡寇将军，随后又封其为封都亭侯。同时曹操还在给汉献帝的奏折中高度赞扬了张辽的突出表现。

公元208年，张辽在屯兵长社之时，军中突发动乱，张辽临危不乱，亲率数十军士稳定军心并成功抓获主谋，平定动乱。同年七月，张辽跟随曹操一起征讨荆州刘表。随后，赤壁之战爆发，张辽也参与其中。不过曹操却以失败告终，随之曹操集团的统一大业也被迫搁浅。因为亲身参与了赤壁之战，张辽对东吴军队的彪悍程度深有体会，为其之后对抗东吴军队提供了丰富的作战经验。

赤壁之战后，淮南地区局势变得更加复杂。加之雷绪、陈兰、梅成等人的先后叛乱，淮南局势更加严峻。于是，公元209年曹操派遣夏侯渊、张辽等人征讨叛乱。张辽最终成功击败叛军，叛乱首领陈兰、梅成被斩杀，其余部众被俘获。庐江郡的叛乱基本平息

公元215年是张辽军事生涯中最为辉煌的一年。当时在汉中地区，曹操的主力与张鲁进行了决战。曹操为张辽留下了只有七千兵力，让张辽在淮南重镇合肥镇守。孙权不久率领十万大军围攻合肥。张辽成功安抚曹军情绪，并亲自率领组织的一支八百人的敢死队，在第二天开战的时候，就成功斩杀两名吴军将领。张辽英勇杀敌激励了魏军，在张辽的带领下，他们奋勇杀敌，直闯孙权的帅旗之下。孙权见其气势，大惊失色，不得不退到山丘之上自保。在孙权看清双方形势之后，张辽早已带领部下成功突围。最后，吴军士气全无，在久攻合肥未果，疾病肆虐的情况下被迫撤退。

张辽在吴军撤退之时成功抓住战机，率军进行追击，对脱离大军的孙权进行围攻。孙权落荒而逃，损失惨重。经过这次战争，张辽的威名开始在江东地区流传开来。在得知张辽以寡敌众并大获全胜之后，曹操晋升张辽为征东将军。后来，张辽又被封为前将军，赐予其帛千匹，谷万斛，哥哥和儿子也被曹操封为列侯。

在生活中，张辽和一起参加官渡之战出生入死的关羽结识，私交甚笃。

除了与关羽感情深厚之外，张辽和其他曹魏文官武将的关系并不是很融洽。张辽与镇守合肥的乐进、李典之间关系就一直不和。而且差点因为关系不和的原因导致合肥之战的失败。同时张辽与其顶头上司武周的关系也不怎么样。张辽曾因越级推荐胡质这件事情，惹恼了武周，幸好胡质没被张辽所惑，主动以病为借口进行推辞。后来，经胡质调节张辽才与武周化干戈为玉帛。

曹操去世不久，曹丕篡汉称帝。曹丕非常器重张辽这位战功卓著的将领。不仅以古代的名将召虎相比赞扬，同时还晋升张辽为都乡侯。并将一辆舆车专门赏赐给张辽的母亲，安排张辽的亲属前往驻地对张辽进行探望。并在其母探望之时派专人为其开道引路，张辽的部属在道路的两旁对其母跪拜相迎。后来，曹丕还专门为张辽和其母建府邸进行表彰。张辽患病之时，曹丕还亲自探望。

孙权对于这位曹魏的名将也是十分忌惮。公元222年，张辽奉命屯兵海陵，得知张辽前来的孙权，马上告诫自己的属下："虽张辽身体欠佳，但仍然锐不可当。大家一定要万分小心。"不过，东吴的将领吕范没听孙权的告诫，在与张辽交战的时候，被张辽斩首，他的四万手下和万艘战船全数被缴获。不过，此战之后，张辽也因病死在了江都，终年五十四岁。曹丕听到张辽的死讯之后，不禁痛哭流涕，追谥张辽为刚侯。

## 许褚：忠心耿耿的"虎痴"

### 人物名片

许褚（生卒年不详），字仲康，谯国谯县（今安徽省亳州市）人。三国时期魏国的著名将领。自从曹操平定淮、汝地区的时候就开始追随于曹操，和典韦一同指挥虎卫军，主要负责曹操的安全工作，对曹操忠心不二，曾多次救曹操于危难之中，因此深受曹操的信任。由于他勇猛无比，素有"虎痴"的绰号。

> 人物风云

许褚，长八尺有余，腰大十围，容貌雄毅，神勇过人，曾经在和葛陂贼兵交战过程中因为箭矢耗尽，随即掷石攻打敌人，在粮食短缺的时候装作和解，目的就在于得到想要的粮食，所以在淮、汝等地区只要提到许褚的大名，很多人都十分畏惮。

汉末召集了上千年轻力壮的青年与宗族，集结力量共修筑防御建筑以抵御贼兵入侵。当时，上万的汝南葛陂贼兵攻打许褚，贼兵的势力强大，许褚寡不敌众，这一战让许褚几乎精疲力尽，就连箭矢也全都用完了，眼见敌军就要攻城，在情急之下，立即下令让所有的男女老少都去找大石前来御敌。每一次当贼兵险些冲上来的时候，许褚下令掷下飞石将贼兵击退，许褚一连几次将贼兵击退，其气势锐不可当，贼兵再也不敢靠近。这样一直僵持到粮食将尽，许褚便假意和贼兵求和，之后商量拿自己的牛换取贼兵的食物。贼兵将牛牵走之后，不知怎么牛自己又跑了回来，许褚来到阵前，牵着牛的尾巴走了百余步，牛竟然不惊不叫，贼兵见状顿时大惊，于是再也不敢来取牛了。经过这样一番折腾，陈、梁、淮、汝等地区的人们，只要一听到许褚的名字就会胆战心惊，不战而降。

建安二年，曹操一举占领了淮、汝等地区，许褚带领众将士投靠到曹操的门下，曹操高兴之至，即日就拜许褚为都尉。次年，许褚追随曹操讨伐张绣，曹操任命许褚为先锋，许褚率领的大军作战英勇，势如破竹，片刻之间便斩贼首上万人，立下战功，曹操即刻升迁许褚为校尉。不久，许褚再一次随曹操出征，这一次官渡之战对峙袁绍大军。当时，有人意图谋害曹操，却畏于许褚，因为许褚经常陪伴在曹操左右，因此迟迟不敢下手。一直到了许褚休假的时候，他们便怀揣着利刃前来拜见曹操。这时，在家里的许褚感到心神不宁，于是立即赶到了曹操的身边。还没有实施刺杀，就看到许褚走进了营帐，这些人大惊失色，许褚见状不对劲，即刻下令将这些人斩杀。经过这件事之后，曹操便更加相信许褚，出入同行，一刻也不离开自己的身边。

建安九年（公元204年），许褚追随曹操出兵进攻邺城，曾多次立下战功，曹操非常高兴，继而赐封许褚为关内侯。

建安十六年，许褚再一次跟随随曹操出兵前往潼关讨伐韩遂、马超二人。曹操想要渡河，但是到了河边的时候，下令让大军先走一步，自己留下与许褚和虎士数百人做断后工作。这时候，马超亲自率领步骑上万人，前来劫杀曹操，箭矢就像雨水一般向曹操射来。许褚见势不妙，便对曹操说："贼兵的数量甚多，如今我们的大军已经安然过河，您也该走了。"于是将曹操搀扶上船，贼兵的攻势相当猛烈，势如破竹，剩下的部队都争相上船，船因为超重即将沉没。许褚当即将攀船者斩杀，用左手高举马鞍拼死为曹操挡住箭矢，然后用自己的右手使劲推着船渡河。事后回想起来，当时真是千钧一发，若是没有许褚，恐怕曹操就要大难临头了。之后，曹操私下里和韩遂、马超等谈话，让所有人都退下，仅留许褚一人在场。马超自负其勇力绝人，试图偷袭曹操，但是素日里听闻许褚的名号，想着随从应该就是这个人。于是便问曹操："曹公的虎侯现在在哪里啊？"曹操向许褚示意，许褚双目瞪着马超，马超遂不敢轻举妄动。几天之后，曹军一举将马超的大军击败，在双方交战的过程中，许褚曾亲手砍下贼兵的首级。因为许褚作战立下战功，所以曹操册封许褚为武卫中郎将。

之后，曹操麾下大将曹仁千里迢迢特意从荆州赶来朝谒，曹操待在自己的寝殿中没有出来，曹仁便在殿外见到了许褚，请他到旁边的偏室谈一些事情。当时的许褚说话并不响亮，吞吞吐吐只说了一句话："魏王就要出来了。"说完之后，便转身向殿内走去，许褚的态度让曹仁心中非常不快，所以记恨在心。当时就有人问许褚："征南将军曹仁本是宗室的重臣，竟然可以放下身段找你说话，这是你的荣幸，你为何还要推辞呢？"许褚不假思索地回答道："虽然曹仁是亲族重臣，但是他毕竟只是一个镇守外藩的将领。我是一个负责内部守备工作的人，如果我们二人说话在公开场所就可以啊，为什么还要到偏室私下去说呢。"曹操知道这件事之后，便更加宠信许褚，继而升任许褚为中坚将军。

建安二十五年，也就是公元220年，曹操病逝，许褚痛哭不已，直至吐血倒地。

黄初元年，即公元220年，曹丕继承大统，登基做了皇帝，册封许褚为万岁亭侯，晋升为武卫大将军，指挥中军禁兵。许褚得到曹操家族的重用，而且深得他们的信任，即使在曹操去世之后，许褚依旧负责曹丕的安全。许褚的警卫部队训练有素，军纪严明，很多都是剑客出身，当然也存在极少数的将军，其中，上百人都得到了都尉、校尉的称号。

太和元年（公元227年），曹叡登基称帝后，继而晋升许褚担任牟乡侯一职，邑七百户，与此同时，册封许褚的儿子为关内侯。在许褚去世之后，亦被追谥为壮侯。从此之后，曹叡因为怀念许褚的忠心，对许褚的子孙大行封赏，相继册封为关内侯。

## 徐晃：治军严谨的优秀战将

### 人物名片

徐晃（？—227）字公明，河东郡杨县（今山西省洪洞县东南）人。早年经历不详，只知道他以前在杨县做过小官，后来随着杨奉一起讨伐贼人有功，被封为骑都尉。哪一路贼人被徐晃征讨史料中无从查证，但是从杨奉的经历所判断，徐晃对付的很有可能是杨奉的老东家——白波军。

### 人物风云

董卓被王允、吕布杀了以后，凉州军阀余下的力量攻占了长安，并且把持了朝政，不久之后，两人就反目成仇互相厮杀。此时，杨奉手下的将领徐晃劝杨奉保护汉献帝回到洛阳，杨奉听了之后很赞同，汉献帝在杨奉和徐晃等人的护送下终于摆脱了李傕、郭汜等人的羁绊，并辗转到了安邑地区。徐晃因为保护汉献帝有功被封为都亭侯。但是，汉献帝的命运并没有因此发生改变，保护汉献帝的将领后因争权夺势产生了矛盾，袁绍、曹操等各地的诸侯也对汉献帝虎视眈眈。这时，徐晃又建议杨奉和曹操联手，用来摆脱目前粮草不够、人心不稳等诸多困境。杨奉刚开始采纳了徐晃的建议，但是一年之后他又和曹操反目。

公元 196 年 10 月，在梁地一带，曹操和杨奉开战，杨奉不敌曹操，只能南下去投奔袁术。当初建议联合曹操的徐晃也变成了曹操帐下的一员。

曹操很赏识徐晃。就在徐晃给曹操当部下不久，曹操就给了徐晃一支军队，让他去攻打叛军。徐晃果然不负所托，胜利归来。这场战争结束以后，曹操就正式让徐晃当裨将军一职。公元 200 年，官渡之战从此拉开序幕。此时的刘备在徐州杀死刺史车胄并发动叛乱，严重影响到曹操的全部作战计划，曹操没办法只能亲自东征徐州消除隐患。徐晃也参加了徐州之战并迅速击溃刘备，没有停歇就赶回了官渡前线去应付袁绍的大肆攻击。

同年四月，袁绍派颜良攻击了曹操防守薄弱的地方，对镇守白马的刘延展开了猛烈地交锋，曹操听到之后，马上亲自北上去援救刘延，并且派关羽带领张辽、徐晃等人作为冲锋部队先去迎击颜良。此战中关羽杀死了颜良，张辽、徐晃两人在旁边做策应，击垮了颜良所部，接下来在延津南地区，徐晃又攻破了袁绍的另一支精锐部队——文丑所部，文丑也在混乱之中被杀。这两次的胜利也让曹操对徐晃这位半路归降的将领刮目相看，让徐晃担任偏将军的职位。之后的战斗中。徐晃先和曹操并肩作战，接着在故市又和曹仁、史涣一起攻打袁绍的运输车辆，而且还放火烧毁他们的运粮车。之后，徐晃又与别的将领一起向袁绍发动了总进攻并且取得了最后胜利。

公元 211 年，曹操以讨伐汉中军阀张鲁为理由，派钟繇带兵三千人进攻关中地区，并派出夏侯渊带领大军做后盾。凉州的各路军阀知道曹军进入关中之后，迅速组成了以韩遂、马超为首的十路联军，并纠集了十多万大军在潼关一带摆出阵势，准备和曹操一战到底。曹操得知消息以后，也随即调兵遣将，打算和韩遂、马超等人展开了一场生死较量。虽然史料中没有记载徐晃所在的位置，不过可以从其这个时期的活动中判断，他很可能还是在夏侯渊的部下，是最早进入关陇地区的曹军部队。

马超、韩遂的叛乱爆发以后，曹操亲自率主力军队赶往潼关，同时还命令徐晃驻守汾阳县，来保障黄河以东地区的安全，曹操到达潼关之后担心没有办法横渡蒲坂津，就又把徐晃召来进行询问。徐晃认为：此时曹军主力部队已经达到潼关战场一线，而叛军的部队却不在蒲坂津地区驻兵，这就只能说明他们缺乏足够的军事谋略。徐晃向曹操提议他亲自率领一支精兵作为大军的先锋部队横渡蒲坂津，以此来切断叛军之间的联系，这样就可以轻松地打败叛军。曹操对徐晃的建议非常赞同，曹操命令徐晃亲自率领步骑兵四千人横渡蒲坂津。徐晃他们刚刚渡河，叛军将领梁兴就带领五千人马夜间偷袭了徐晃，结果被早有准备的徐晃击退。曹操第一步作战计划很顺利地完成。随后曹操在潼关打败了马超、韩遂叛军，取得了关陇之战的完美胜利。于是徐晃就奉命和夏侯渊一起攻打隃糜、汧诸氏，和曹操在安定会师，把占据安定地区的叛军首领杨秋逼迫投降。

关陇之战结束以后，曹操回到了邺城，把徐晃和夏侯渊一起留下，守护长安。徐晃又和夏侯渊一起并肩作战先后平定了逃往都城和夏阳的叛军梁兴所部，杀了梁兴并招收了投降的三千多人。夏侯渊和徐晃他俩共同努力之下，经过了三年艰苦的平叛，终于把凉州地区的马超、韩遂等割据势力都消灭掉了，马超逃到汉中，韩遂被他们杀死，凉州地区的局势被彻底的改观。

凉州战事结束之后，公元 215 年徐晃又投入到了由曹操亲手指挥的汉中之战。曹操把徐晃派到伐棂、仇夷等地区，让他征讨当地亲张鲁的少数民族武装。这些少数民族很有自知之明，知道自己的势力抵不住徐晃的强大攻势，只好纷纷投降归顺。另外，徐晃还帮助化解了敌军对张顺的围困，并且还攻占了敌军陈福所占据的三十多处地区。

徐晃在凉州、汉中等地的优秀表现引起了曹操的关注，为了表彰这位战功卓著的将领，曹操把徐晃提升成了平寇将军，并让徐晃作为夏侯渊手底下的主要将领，和夏侯渊一起镇守汉中地区。这一次，徐晃面临的对手正是不久前占领益州全境、士气正旺的刘备集团。

公元 218 年，刘备大肆地进攻汉中，他的部下陈式率领十多营的兵力封锁了马鸣阁道，企图想要切断汉中曹军之间的联系。徐晃就带领部队发动强势的攻击，把陈式的部队打得落荒而逃，在和徐晃交战之中，不少的敌军士兵没有办法逃生，纷纷掉下山谷，敌军伤亡惨重。曹操听了之后非常高兴，给予了徐晃诸多奖励，并且颁布嘉奖令。令中说道：

马鸣阁道是汉中的咽喉要道，地势险要。刘备打算占据该地方，以此来切断汉中与中原之间的联系，顺便来夺取汉中地区。徐晃将军这次战争中一举打乱了刘备的战略方针，粉碎了敌人的阴谋，真是非常好啊！

尽管徐晃军队取得了一些战争的胜利，但是在定军山，汉中曹军主帅夏侯渊的意外身亡，曹操不得不亲自征战，结果却以失败告终，曹操不得已下令放弃汉中。徐晃也只能默默地接受这一痛苦的现实。

汉中战争的失利并没有影响到徐晃在曹操心目中的地位，对于他在战场上的骁勇善战，曹操还是对他有足够的信任的。就在曹操撤回去之后的一个月里，徐晃就接到了一项更为艰巨的任务：支援被围困的襄阳和樊城地区。这次，徐晃的对手是鼎鼎大名的关羽。这一仗也就自然而然地成了徐晃军旅生涯中最为辉煌的一战。

《三国志·徐晃传》中说："（徐晃）性俭约畏慎，将军常远斥候，先为不可胜，然后战，追奔争利，士不暇食。"意思是说徐晃的一生谨慎小心且常常在战前就派出侦察兵去掌握敌人情报，并且会提前考虑到影响军队战斗胜利的种种不利因素，等到一切隐患消除之后才会开战，尽最大的努力去争夺战争的胜利。西晋史学家陈寿把徐晃列为曹魏"五子良将"的其中之一，和张辽、张郃、于禁、乐进等名将合传。

曹操死后，曹丕任命徐晃为右将军，被进封成了逮乡侯。曹丕当上皇帝以后，徐晃又被封为杨侯。后来他还和征南将军夏侯肖一起并肩作战，在上庸地区，他们和刘备的义子刘封展开了对于东三郡的争夺，并且成功的驱逐了刘备在东郡的势力。之后，徐晃被派到镇守阳平关，并被改封成了阳平侯。后来徐晃还参与了魏明帝进攻孙权的战斗，并且和司马懿一举成功大获东吴将领诸葛瑾的军队。

魏明帝太和七年（公元227年），一代名将徐晃去世，被封为"壮侯"。

# 关羽：忠义千秋的关云长

> 人物名片

关羽（？—220），字长生，云长是他后来为自己重新取得字，河东郡解县（今山西运城）人，关羽是东汉末年的一员名将，刘备起兵时，关羽便开始追随刘备，对其忠心不二，因此深受刘备信任，并且二人以兄弟相称。刘备和诸葛亮进入蜀国的时候，关羽一直镇守在荆州，刘备夺取汉中以后，关羽就乘势开始北伐曹魏，曾经水淹七军、阵斩庞德、擒于禁，使其威震华夏，这一战吓得曹操差点将都城迁走，但是东吴在偷袭荆州之时，最终关羽兵败被害。

> 人物风云

关羽早年因为犯事就逃离了家乡，一直逃到了幽州的涿郡。中平元年，汉室宗亲的刘备在涿县组织了一支义勇军参与扑灭黄巾军的战争，关羽和张飞也在其中。刘备几经辗转，担任了许多官职，最后投奔到了昔日同窗公孙瓒的旗下，被封为平原相，任关羽和张飞为别部司马，分统部曲。三人情同兄弟，常一起同床而睡，当刘备坐下时，关羽和张飞二人更是不辞辛劳在刘备身边守护。

兴平元年，曹操开始攻打陶谦，想要夺取徐州，陶谦向刘备求救，刘备和关羽率领着一千多将士前往救援，曹操退兵之后，陶谦为了答谢刘备，再三的相让下，刘备担任了徐州牧。建安元年，刘备遭到了袁术和吕布的夹攻，将徐州丢掉了，关羽便跟随刘备一起投奔了曹操。建安三年的时候，刘备与曹操联合起来在下邳和吕布交战，夺得徐州，此战之后，他们二人又跟随曹操回到了许昌，曹操任命车胄做了徐州刺史。后来袁术投奔了袁绍，曹操命令刘备在徐州拦截袁术，刘备趁机将车胄袭杀，命令关羽占领了下邳和徐州，刘备返回了小沛。

建安五年，曹操带兵攻打刘备，关羽战败被擒，没有办法只得投降，曹操待以厚礼，任命为偏将军。后来袁绍派兵在白马攻打东郡太守刘延，曹操亲自率领大军救援，命令张辽和关羽作为前锋。关羽一看见颜良的麾盖，策马冲锋，直接斩杀了颜良，关羽的气势，袁军将领没有人能够抵挡，白马之围被解，关羽又被曹操任命为汉寿亭侯。在白马之围战役中，曹操为了看看关羽是否有久留身边的心意，命令张辽用人情试探。张辽找到关羽，关羽得知张辽前来的意图，很惋惜的对他说，曹操虽然对他很好，但是他和刘备感情深厚，发誓要共生死，这一生都不能背弃，因此他坚定地告诉张辽，他最终还是不能留下，等到为曹操立下几次功劳，也算是报了恩，然后便会离去。

　　张辽将关羽的话转述给曹操，曹操知道关羽迟早有一天会离去，不但没有责罚他，反而重加赏赐，关羽将曹操的赏赐全部留下，又留了一封书信就告辞了，回到了刘备身边。曹操身边的人都想追上他将其杀害，但曹操念他是个英雄，而且各为其主，本就是无奈，就放过了关羽。后人为这一段佳话取名为"千里走单骑"。

　　刘备后来投靠了刘表，在新野屯兵驻守。建安十三年，曹操率领大军南下，刘备向南逃跑，同时刘备派遣关羽带领数百艘船与他在江陵会合，但半途中刘备被曹操追上，幸好关羽及时到了汉津，与刘备一同乘船到了夏口。刘备与孙权联手将曹操击败后，曹操便留下了曹仁率领大军在荆州防守，于是刘备和孙权手下的大将周瑜又一起夹攻曹仁，命令关羽截断曹仁的后路。最终刘备取得了这场战役的胜利，关羽也因此被推为元勋，被封为襄阳太守和荡寇将军。刘备平定蜀地后，又任命关羽为董督荆州事，让他掌管荆州地区刘备的势力范围，其中包括荆州南部的四郡和江陵以及附近的公安，事实上此时关羽管理的辖区共有荆州五郡。

　　建安二十年，孙权得知刘备已经夺取了益州，就希望从刘备的手里取回荆州。但刘备却不愿意交还，他告诉孙权，夺取了凉州就会归还荆州。孙权对此十分怨恨，于是便派鲁肃继续向刘备索要荆州。孙权和刘备双方的将领在阵前据理力争，最终落得不欢而散。孙权见荆州要不回来，就命令吕蒙带军进攻荆州的南部，鲁肃也带领一队人马在益阳牵制关羽，使得刘备得不到任何的支援。但当时关羽带领了三万人马，在河对岸进行扎营，这个地方后来就被称为"关羽濑"。这个时候,曹操趁机攻打汉中的张鲁,刘备看情况不好迅速与孙权修和,协议将荆州平分。

建安二十四年,刘备在汉中称王,关羽被封为前将军。同一年,关羽奉命攻取荆州的北部樊城,曹操派大将于禁率领军队援救,当时正赶上下大雨,汉水暴涨,关羽命人筑堤蓄水。待时机成熟,决堤放水,曹操的军队被大水困住,将士只能到高的地方进行躲避,关羽看准时机,坐着大船进行攻击,最终夺得了胜利。这一战史称"水淹七军"。

曹操的大将于禁因为汉中一战,只能向关羽投降,庞德则被关羽抓获,因其不降最终被处斩,后来关羽进一步在樊城围困曹仁,同时还派了一部分人包围了襄阳。至此,曹操指派的荆州刺史胡修和南乡郡太守傅方等人最终都投降了关羽。这时候,曹操的许多军队都受关羽的遥控,甚至还有许多叛乱想引关羽作为援军,吓得曹操差点决定用迁都的方式来躲避关羽的围攻。此次事件被称为关羽威震华夏。

建安二十四年十月,曹操想要以迁都的方式来躲避关羽的锋芒,而司马懿和蒋济等人极力劝阻,认为孙权一定是不愿意看到关羽得意,他们给曹操出主意,可以将江南封给孙权,以此作为条件让他从背后攻击关羽,曹操同意了这个建议,同时他还动员徐晃、张辽等将领以及豫州刺史吕贡和兖州刺史裴潜等人率领大军到樊城展开救援,与此同时,他还作了亲自征讨关羽的准备。孙权命令吕蒙作为此次出征的主帅对荆州进行偷袭,并亲自率领大军作为后援。荆州重镇江陵的守将糜芳,事实上也是刘备的小舅子因为之前和关羽之间有嫌隙,这次的征战很大一部分就是出于报复关羽,最终不战而降,吕蒙几乎不费吹灰之力就把荆州的各个郡给攻陷了。

曹操派出的樊城救援将领徐晃,刚开始的时候对关羽有些惧怕,认为自己很难与大将关羽抗衡,不过之后曹操又派出了徐商和吕建以及殷署和朱盖等对其进行增援,最终使得这一战徐晃胜出。此时的关羽获知了后方生变的事情,立即下令军队南撤,但此时水军仍然控制着汉水。关羽带领的军队,大部分的家属都住在江陵,当他们得知江陵已经失陷的消息时,军队开始逐渐溃散,一直退到了麦城。十二月,关羽再次率数十骑人马出逃,一路进行突围，一直杀到了距离益州大约一、二十里的临沮，在那里，关羽遭到了潘璋的部将马忠的埋伏，最终关羽被擒，和他的儿子关平在临沮被杀害。

孙权把关羽的首级送给了曹操，曹操对关羽以诸侯之礼安葬在洛阳。与此同时，孙权也将关羽的身躯以诸侯礼安葬在当阳，也就是关陵。蜀汉方面也决定在成都为关羽建造了衣冠冢，也就是今天的成都关羽墓。关羽的故乡山西运城为了纪念他，也为他建立了关帝庙，被世人认为是关羽魂魄归返的地方。因此民间对于关羽的死也称为"头枕洛阳，身卧当阳，魂归故里（或称'魂归山西'）"。

关羽去世之后，因其忠义，他的形象逐渐被后人神化，被民间尊为"关公"；历代朝廷都会对前人进行评价，而且对同一个人的褒贬也不一样，清代将关羽奉为"忠义神武灵佑仁勇威显关圣大帝"，被尊为"武圣"，他的名号与"文圣"孔子齐名。关羽在《三国演义》也被尊为"五虎上将"之首，毛宗岗曾经称其为"《三国演义》人物三绝"中的"义绝"。

## 张飞：粗中有细的"黑脸汉"

### 人物名片

张飞（？—221），字益德（也作翼德），幽州涿郡（今河北省保定市涿州）人。三国时期蜀汉的一名重要将领。曾经被授予了车骑将军和封西乡侯。史书上记载着张飞本出身于贵族，是一个有智有谋的将领。在中国传统文化中，张飞因为他的勇猛、鲁莽和疾恶如仇的性格而著称，虽然这样的形象主要是由小说虚构而来，但确实已深入人心。

### 人物风云

张飞，可谓是个家喻户晓的人物。不过，在一千多年来的历史演变过程中，张飞这个人物形象给人留下最多的印象却与历史上的记载相差太多。唐代的时候，李商隐就曾经写过相关的诗句："或谑张飞胡，或笑邓艾吃"，而在民间世人对张飞的评价更是直接，将他称为"莽张飞"，可见三国之后，世人对张飞的评价是莽汉。事实上，在历史资料的记载中，张飞并非一位莽汉，他不仅作战勇猛，而且智勇双全，是刘备集团中名望仅次于关羽的大将。

中平元年的时候，也就是公元184年，黄巾起义爆发，当时的东汉政府派人进行围剿，各地方的武装力量也开始纷纷举兵讨伐，张飞和刘备一起参加了邹靖组织的州郡军队，从此开始了自己数十年的军旅生涯。

刘备自从丢官之后，就在中原地区闯荡了几年，初平二年的时候，他投奔了曾经的同窗公孙瓒。当时的公孙瓒可以算是北方地区割据势力最强大的一方。刘备投奔公孙瓒之后，在他的帮助下，刘备不但有了一个容身之所，而且还被公孙瓒提拔做了平原相。张飞跟随刘备多年，情同手足，也成了刘备手下的别部司马，和自己的结拜兄弟关羽一起负责统率平原境内的武装力量。在这段日子里，刘备、张飞和关羽三个人的关系也日益密切，胜似亲兄弟。兴平元年，中原地区已经有两个军事、政治联盟相互之间展开了较量。一方以袁绍、刘表和曹操为代表，另一方则是以袁术、公孙瓒和陶谦为代表。这两大势力集团分别在青州、冀州、徐州和兖州等地区展开了一场大混战。刘备作为公孙瓒的部下，他奉命和青州刺史田楷一起增援陶谦。

同年年底，徐州牧陶谦因病去世，他临终前将徐州交给了刘备管理。刘备也因这个原因成了徐州牧。但是，袁绍集团早就已经盯上了徐州这个地方，过了两年之后，袁绍就带领军队开始了对徐州的进攻。面对这种形式刘备不得不亲自率兵进行防御，临行前刘备命令张飞在徐州重镇下邳进行镇守，同时还将自己的一家老小全部托付给了张飞照顾。

据说曹豹数年前与张飞是战友，但二人因为发生了矛盾，张飞一怒之下就将曹豹杀死了，这件事情引起了曹豹手下将士的不满，同时使得下邳城内的形势变得一片混乱。这样的形势正好给敌人提供了有机可乘的机会，于是袁术便写信给当时正在徐州寄寓的军阀吕布，袁绍以资助粮草作为交换的条件，鼓动吕布偷袭下邳。早就对徐州有所图谋的吕布乘机派兵从水路向东行进，到了距离下邳城的西面四十里的地方，意图对下邳发动进攻。这时候，刘备手下的一员将领投敌，并与曹豹的部将联合起来打开了下邳的城门，最终使得吕布的偷袭成功。入城之后，吕布在城门楼上端坐着，他的将士们却在城内放火，同时还对张飞的守军展开了大规模进攻。张飞毫无准备，很快就败下阵来，一路撤退，最终被赶出了下邳，甚至连刘备的老婆孩子都没来得及营救。

曹操和刘备的关系逐渐恶化，建安六年的时候，刘备带领自己的军队投靠了荆州的割据势力刘表。在这段时间里，刘备的团队得到了极大的发展，他的军事力量得到了壮大，还和荆州地区各个阶层之间都保持了良好的关系，荆州也就成为刘备真正的根据地。而且诸葛亮也是在此时被刘备"三顾茅庐"请了出来。不过，因为刘备对于诸葛亮过于信任，使张飞和关羽二人极为不满。

在荆州的这段时间，也是张飞一生中最为太平的时光。除了建安七年年底同曹操的部将夏侯惇、于禁和李典等人战过一次之外，就再也没有发生过战事，张飞的长子张苞和他的女儿就是在这个时期出生的。

建安十三年，赤壁之战以后，刘备的势力得以发展壮大，为了表彰劳苦功高的张飞，刘备将张飞任命为征虏大将军，还把他封为新亭侯。此时的张飞已经威名远扬，传遍了大江南北，就连东吴的名将周瑜也对其表示赞赏，称他是"熊虎之将"。

不过，张飞一生最为出色的还并不是这些，他真正的才能表现在数年之后的汉中争夺战。

就在刘备争夺益州的时候，曹操的势力开始延伸到了汉中地区。建安二十年，曹操打败了汉中的割据势力张鲁并且将他的地盘占据了。刘备为了阻止曹操集团继续向益州延伸，决定派遣张飞和黄权到三巴地区与曹操作战。黄权带领军队与曹操据守三巴地区的部将朴胡交锋，而张飞则是与曹操集团的名将张郃在宕渠对峙。这一仗双方对峙了五十多天，经过多次激战，仍然没有分出胜负。最后，张飞决定亲自率领几万精兵从小路对敌军发动袭击，打他个措手不及。结果敌军惊慌之中四下逃窜，最终张飞获胜。这一战让张飞意气风发，他在八濛山立了碑以纪念这次的胜利，并且在碑上亲笔写下"汉将张飞大破贼首张郃于八濛"几个大字。

当然，张飞的征战生涯中也有过失手的情况。建安二十三年的春天，刘备派张飞、马超和吴兰一起率领大军进入武都地区，为了配合刘备大军在定军山的行动，张飞的任务就是在侧面牵制曹军。但是此时张飞所率领的军队兵力薄弱，为了引诱曹军停止进攻，张飞命令他手下的将士们大张旗鼓地出现在曹军的后方，装出一副截断敌军退路的架势。但是没想到此计被曹魏名将曹休识破，他果断地带领部队发动进攻并将吴兰斩杀了。这一仗，是张飞的生涯中记录最为详细的一次败仗。

张飞算是三国时期刘备集团名将的一位代表人物，可以说他为刘备后来的发展壮大立下了汗马功劳。张飞不仅在作战中勇猛无谓，而且是一个文武兼备难得的帅才。不过，张飞的性格暴躁，稍有不顺就会对自己手下的士卒进行鞭打，这样也为他后来的被杀埋下了隐患。虽然如此，纵观张飞的一生，将其归列为三国时期的一代名将也是名副其实。

## 赵云：单骑救主的虎威将军

> **人物名片**

赵云（？—229），字子龙，常山真定（今河北省正定）人。刚开始，效命于公孙瓒，后来归顺了刘备。在曹操攻取荆州的时候，刘备在当阳长坂大败，赵云力战救护甘夫人及少主刘禅。刘备得了益州之后，封赵云为翊军将军。建兴六年，赵云跟随诸葛亮攻取关中，带兵抵御曹军的主力部队，最后，因寡不敌众，退回汉中。第二年去世，鉴于他曾经以数十骑而拒曹操大军，因此，被誉为"一身是胆"。

> **人物风云**

提起常山赵子龙，相信大家的脑海中，立即会出现一个身高八尺，姿颜雄伟的英雄形象。对他跷起大拇指，夸赞他在战场上的叱咤风云、惊天动地，真不愧为一身是胆的虎威将军！

黄巾起义的时候，赵云被本郡人推荐率领吏兵去投奔公孙瓒。那个时候，袁绍自称冀州牧，而吏民也往往愿意跟随他。因此，公孙瓒心里很不安。当他看到赵云前来投奔，心里高兴得不得了。他问赵云："你们州立的人都愿意跟着袁绍，为什么你与众不同，反而来投奔我呢？"其实，他之所以这么问，是想让赵云承认他是正义之师。谁知，赵云义正词严地回答："如今天下大乱，很难分清楚谁好谁坏，老百姓都生活在水深火热之中。本州经过反复讨论商量，让我带着吏民来投附能够广施仁政的所在，根本就没有忽略袁公而重视您的意思！"公孙瓒面对这样的回答无言以对。此后，赵云便开始跟着公孙瓒南征北战。

当时，有仁义之名的刘备正依托公孙瓒。他见赵云相貌堂堂，英勇善战，非常喜欢，想要纳为己用。于是，他私底下与赵云相交，拉拢赵云，使得赵云也有了归附之心。也许天公作美，正好公孙瓒派刘备帮助田楷去抵抗袁绍，刘备也趁机"借用"赵云，为其执掌骑兵，进一步"拉拢"赵云。

赵云的兄长去世，赵云告别公孙瓒还乡。刘备料定他这一去就再也不会回来了，就亲自上前与他握手言别，千叮咛万嘱咐。赵云感动地说："不管将来的局势如何，我赵云都不会背德忘义的。"

后来，刘备辗转到了袁绍的地盘栖身，赵云前去找他，就这样，两个人在邺城相见。刘备对赵云礼待有加，与其同床而眠。刘备私底下让赵云为其招募兵士，赵云不负重托，为其招来了数百人，并让他们自称是左将军刘备的手下，而这一切，袁绍都不知晓。后来，袁绍在官渡溃败，刘备就带着赵云前往荆州投奔太守刘表。

建安十三年，曹操进攻荆州，刘备与曹操在当阳长坂血战大败，他抛弃妻小，狼狈地向前逃去。然而，在逃跑的途中，发现赵云不见了。这个时候，有人对他说："赵云已经北去。"刘备却大声喝道："休得胡说。子龙绝不会弃我而去！"的确，赵云既然已经认刘备为主，怎么会轻易背弃呢？那么，他到底去了哪里呢？原来，他单骑救主去了。在乱军之中，他手中抱着弱小的少主刘禅，保护着甘夫人，也就是刘禅之母，奋力杀出重围，最终，将二人平安地带了回来。为此，刘备非常感激赵云，众人则非常惭愧，自责胡乱猜疑赵云的忠心。此后，赵云升任牙门将军。

接着，赵云跟随刘备平定江南，战功赫赫，被封为偏将军，领桂阳太守。刘备率兵进入益州之后，赵云留守荆州，领留营司马。当时，刘备的孙夫人，也就是孙权的妹妹，骄傲自大，飞扬跋扈，经常带领兵丁官吏，纵横不法。刘备认为赵云有威信，一定能够整顿好内部的纪律，所以，特地命令他执掌宫内事务。

孙权听说刘备西征，于是以母亲病重的理由骗孙尚香带着刘禅赶回东吴，想要以此牵制刘备。赵云听到这个消息之后，立即与张飞领兵前去拦截，用武力强迫孙夫人留下了少主刘禅。

刘备入蜀之后，作为益州牧的刘璋让他攻打汉中的张鲁。刘备表面应承，心中却打起了小算盘。他带兵进军到葭萌便停顿不前。时机成熟后，他立即带兵回攻刘璋，包围了成都。这个时候，赵云也跟着诸葛亮沿水道进入蜀地。到达江州之后，诸葛亮命令赵云从岷江而上进入江阳与其会合。刘备平定益州之后，便升任赵云为翊军将军。

建安二十四年，夏侯渊兵败身死。曹操率领二十万大军前来争夺汉中。他把粮食运到北山之下，堆积起来像一座山那么大。

大将黄忠认为敌军的粮食可以截取，便引兵前去。但是，过了约定的时间，黄忠尚未归来。于是，赵云便带上了几十个骑兵出营探视，正好碰上了曹操的大军。但是，赵云丝毫没有慌乱，挺抢骤马杀入重围，左冲右突，如入无人之境。这令曹兵个个心惊胆战，不敢逼近，赵云趁势且战且走。

刚开始，曹兵遭赵云的猛然冲击，阵势大乱，但是，没过久，就重新围拢起来。赵云奋力杀敌，成功冲出重围。就在他接近自己营寨的时候，发现部将张著在敌阵受伤了，赵云毫不犹豫地，再次拍马杀入重围，救出张著，最终，杀出重围。

曹军在他们后面紧紧追赶。当时，沔阳长张翼看到曹兵追来，便提议让军士闭门拒守。然而，赵云不但没有关上城门，反而命令将士偃旗息鼓，将营门开得大大的。

曹军到达之后，发现营门大开，看不到旌旗，听不到鼓鸣，便怀疑其中有伏兵，便准备引兵退回。不料，曹兵刚一转身，就听赵云一声令下，营中的将士弓弩齐发。与此同时，营中鼓声大震，号角齐鸣。曹军顿时被这个气势吓破了胆，自相践踏，退到汉水旁边。有很多的士兵掉下汉江，最后溺水而亡，曹军伤亡不计其数。

第二天，刘备特意来到城中，嘉奖赵云，并称赞赵云："子龙一身都是胆也！"于是，犒赏三军，欢宴至晚。从此之后，将士们更加敬畏赵云，称他为虎威将军。

建兴七年，赵云去世。后主刘禅下诏说："当年，赵云追随先帝，功绩卓著，名震天下。在我幼年的时候，历尽艰难，也依靠着他的忠义，才得以脱离危险。谥号是用来记录元勋功绩的，你们商议一下赵云谥号。"大将军姜维等人，纷纷称赞赵云的丰功伟绩，建议后主应谥赵云为顺平侯。

最后，后主刘禅听从了大家的意见，追谥赵云为"顺平侯"。

## 马超：世人眼中的神威天将军

### 人物名片

马超（176—222），字孟起，扶风茂陵（今陕西兴平）人。东汉末年的一员名将。刚开始的时候，马超跟着自己的父亲活动在西凉一带，曾经和韩遂一起攻打潼关，后来被曹操用离间计破坏。不久之后，刘备入驻蜀国，马超转而又投奔到了刘备的帐下，后来跟着刘备到达了成都。公元222年的时候，马超因病去世，年仅四十七岁。

### 人物风云

马超的祖先就是我国战国时期比较有名的将领赵奢。在秦朝一统天下之后，为了不惹祸上身，他们才将赵姓改为马姓。东汉时期，马超的父亲马腾亦是一名干将。

后来，马超跟着自己的父亲活跃在西凉地区。

公元208年，曹操攻打荆州。在发兵之前，曹操任命马超为偏将军，带领他父亲马腾的旧属，从这之后，马超手中握住了马腾所建立的军队力量，成了这支队伍的统帅，这个时候的马超只有三十三岁。在马超的带领下，这支军队力量逐渐壮大。人们说树大招风，这支军队很快便得到了其他人的注意。根据史书上记载，当初吴国的大将周瑜曾经向孙权建议说，在夺取蜀地的时候，可以和马超联手，从这里也可以看出，马超的军事力量已经不容忽视。

除了在自己的势力周围发展外，马超还懂得与他人建立友好关系，以便遭遇困境的时候，也能够有人前来搭救，有利于更好的稳固自己在凉州一带的地位。除此之外，马超和在汉中的张鲁也有几分交情，二人一直保持着友好的合作关系。

自从马超率领马腾的部队之后，就开始与韩遂交好，同时还结交了一些同盟，比如说杨秋、李堪、成宜等人，在攻占潼关的时候。曹操在此之前，曾经找韩遂和马超商谈。在这个过程中，马超想凭借自己的武艺，趁曹操不备时，将他抓获，但是曹操身边的将士许褚似乎已经看穿了马超的心思，两眼直勾勾地瞪着马超，让他根本就没有下手的机会。于是这个小算盘只能落空。最后，在潼关之战的时候，曹操采纳了贾诩的计划，使用反间计，离间马超和韩遂的感情，使他们俩对彼此都产生了怀疑，那么将领之间生疑，军队的战斗力也会迅速下降，十部联军就这样败在了曹操的手中。

曹操的军队要西渡黄河时，马超给韩遂提出了一个建议，他对韩遂说："现在曹操大军想要西渡黄河，我们要做的就是从渭水的北面前去阻止曹军，不到二十天的时间，徐晃的军队就会粮草用尽，最后也只能是不战而败。"但是韩遂却不赞同马超的看法，说道："我们就放他们过河去，将他们困在茫茫的河中，他们不是败得更快！"最后，马超妥协，结果可想而知。后来曹操听到马超的策略后，对自己的手下说："马超如果不除，我死之后，恐怕连个安息的地方都没有了！"

后来，潼关之战失败之后，马超去了诸戎地区逃亡，而曹操则开始追击，怎知半途中忽然听到自己的地盘出了点事，也只能放弃追击，带军回大营了。当时，曹操的手下杨阜说道："马超的身边有韩信、英布这样的大将，而且他还得到了羌、胡等的支持，如果我们现在就启程回去，而不乘胜追击，那么陇上的各个郡县恐怕要落到马超的手里了。"后来，果然不出所料，马超带着军队占领了陇上郡县，那里的人都投降了马超。马超将凉州刺史韦康杀掉之后，又占领了冀城，收编了冀城的兵力。马超还自封为征西将军，在攻占冀城之后，韦康以前的旧属杨阜等人合计要害马超。就这样，冀城还没有捂热，便又失去了。局势很是紧张，马超也陷入了进退两难的境地，只好跑到了自己的合作伙伴张鲁那里去避风头。但张鲁也不是一个知人善用的人，只是让马超在一个小城中待着，并没有给予重用。而刘备在攻打成都的时候，马超便偷偷给刘备写了一封信，表示愿意归降。

刘备做了汉中王，便提升马超为左将军，并且还给了他一定的权力。后来刘备成了蜀国的皇帝之后，马超则是骠骑将军，任职为凉州牧，在他册封的诏书上，刘备这样写道："我刘备在万般无奈的情况下，才当上了汉王，继任了大统，延续着汉室的宗庙。而曹操父子俩，一向作恶多端，罪大恶极，我对这件事非常的伤心，整天活在忧苦之中。而天下间的百姓对曹操也是怨恨至极，都想着早早可以除此奸臣，还一个太平正道。而马将军在北方有很高的知名度和号召力，你的威猛早就展现出来了，所以说我现在就委任你，让你充分展示自己的雄伟谋略，第二也是想要让你替我查看周边的区域，第三则是要帮助那里的百姓解决困难。希望你能够恩威并施，严格按照我朝的律法来治理，做到赏罚分明，也要让他们感觉到在汉朝统治下，生活是美好而又太平的。"

公元222年，马超去世，终年有四十七岁。马超在他临死的时候，曾经给刘备上书说："我的宗族有两百多人口，都被曹操给残忍地杀害了，现在只留下了我的堂弟马岱，就让他为我们的宗族延续子嗣吧，我就把他托付给您了。"

马超的一生充斥着悲情的色彩。宗族里面有二百多人口都被曹操所杀，好不容易活下来的人又都死在了梁宽和赵衢的手上。在投靠刘备的时候，他的心中必定是抱着成就一番事业的心去的，但是后来马超却是发现自己的这一愿望永远都不可能实现，这个风靡一时的三国名将，最后也只能带着遗憾和哀怨离开了人世。

## 黄忠：半路归顺的讨虏将军

▶ 人物名片

黄忠（？—220），字汉升，南阳（今河南南阳）人，东汉末年的一员名将。黄忠本来是刘表部下的一名中郎将，后来归顺刘备，同时还帮助刘备攻取了益州。公元219年，黄忠在定军山一战中大败名将夏侯渊，被刘备封为征西将军，后又改封后将军，赐关内侯。第二年，黄忠因病去世，谥为刚侯。在后世的文艺作品中，黄忠多被誉为勇猛的老将，《三国演义》中黄忠更是被归为蜀汉的五虎上将之一。

▶ 人物风云

黄忠本是荆州的一名中郎将，本是刘表的部下，建安十三年的时候，曹操带兵攻打荆州，刘表病死，他的儿子将荆州拱手让给了曹操。黄忠也成了曹操手下的降将。曹操念黄忠是个人才，临时任命他为裨将军，仍然驻守原地，统归长沙太守韩玄管理。因此，在赤壁之战中，黄忠并没有参加，只是做了一名战争旁观者。

曹操在赤壁之战中战败，荆州的大部分地区也陷入了权力的真空状态。此时的刘备集团便乘机和孙吴集团达成了协议，开始向荆州的南部进军，并且很快就攻占了荆州以南的很多地区，其中就包括黄忠所在的长沙郡。这个时候的黄忠只得易主，投靠了刘备。事实上，根据史书的记载，刘备对长沙的占领并没有发动战事，属于和平解决，而黄忠也在中间起到了不小的作用。

建安十六年年底，刘备答应了益州牧刘璋的邀请带领军队进入了益州，而此时的黄忠也已经成了刘备大军中的一员。很多人都认为黄忠能够跟随刘备入川是刘备对其能力的一个认可，其实该观点也未必正确。根据刘备当时的人员配置来看，此次刘备带领入川的人员大多是刘备在荆州时期所吸收的文武人员，而真正的刘备嫡系人员和将领大都留守荆州。虽然刘备的这一举动并不能说明什么问题，但至少可以看出刘备对于自己革命大本营的安危还是十分看重的，因此才将自己的心腹大将全部留在了荆州镇守。

建安十七年，张松写给刘备的密报被他的兄长张肃截获并且将其交给了刘璋，刘备和刘璋之间的关系开始恶化，两个人反目成仇，益州争夺战也不可避免地爆发了。刘备斩杀了刘璋的大将杨怀等人，然后派遣黄忠和卓膺带领军队南下，向刘璋的根据地发动进攻。不久，黄忠所带领的一队人马在刘备的率领下攻占了涪县地区，与刘璋派来的大将冷苞、刘璝、邓贤和张任等人展开了激战。黄忠带领部下奋勇抗击，刘璋的军队遭受了重大损失，最终退守到绵竹。随后本是奉命增援的李严军队又投降了刘备，刘备的实力大增，很快就向益州的腹地展开了大的攻势。

益州之战，黄忠的勇猛已经表现了出来，成了刘备集团中小有名气的一员将领。随后爆发的汉中之战，更是让黄忠的才能尽显，成为刘备集团的一员名将，此战就是大家耳熟能详的定军山之战。

建安二十年正月，刘备因在益州之战中得到了大量的兵员补充，势力大增，因此刘备决定亲自率领部众向曹操汉中地区的防御要地定军山进攻，此时的黄忠已经成了刘备大军中的主力，这次战争中他所面临的就是曹军在汉中地区的最高指挥官、曹魏的大将夏侯渊。

双方激战的过程中，刘备的军队对张郃防守的东围地区发动了猛烈的攻势，但是因为张郃战事不利，于是向夏侯渊进行了求援，夏侯渊立即从驻守的南围阵地上拨出了一半的兵力对张郃进行援助，没想到他的这一计划被刘备手下的两位著名谋士法正和黄权识破了，刘备大军立即调整了自己的进攻重点，开始转向夏侯渊的南围。早已蓄势待发的黄忠开始大显身手了。黄忠率领部下金鼓齐鸣、杀声震天，数万大军一齐从走马谷中冲出，向夏侯渊的军队发动了突然袭击。夏侯渊没想到自己会遭到突然袭击，毫无准备，最终被黄忠杀死。

定军山一战可以说在汉中之战的最后结局的确定中起到了关键作用。那么黄忠作为定军山一役中表现最为突出的一个将领，可谓是立下了头等功劳。因此，这一战之后刘备立即封他为征西将军。后来刘备在汉中称王，又封黄忠为后将军，从此，黄忠在刘备集团中真正地成了一员名将。

从历史来看，刘备集团的组成情况是十分复杂的。其中包括一直跟随刘备打天下的关羽、张飞、赵云等人，也有半路加进来的诸葛亮、庞统等人，剩下的就是像黄忠和李严这样归降过来的人。因此在刘备的集团中难免会表现出一些亲疏之分。黄忠被任命为后将军之后，关羽对待黄忠的态度就有些不同，那时候远在荆州的刘备嫡系人员关羽听到这个消息后，对刘备的此次任命表现出了强烈的不满。

当费诗见到关羽之后，关羽没能控制住自己的情绪，立即发飙了，拒绝接受官印，同时还说出了"大丈夫终不与老兵同列"的话，言下之意就是根本没把黄忠这样的老兵放在眼里，同时也将自己对刘备任命的不满表现了出来。幸好费诗机智，将情况实话实说地告诉了关羽，还对他进行了一番利弊的权衡，这才稍稍抑制了关羽的不满情绪，同时还避免了加剧关羽和黄忠两员大将之间的矛盾，也在一定程度地免去了刘备的尴尬。

建安二十五年，黄忠因病去世。他的儿子黄叙早在黄忠死之前就已经离世了，因此可惜了这一代名将，连个后人都没有留下。

从黄忠生平的事迹和历史评价来看，黄忠最终得以成名，其关键还在于定军山的战役中。后世之人将他的作战特点归结了两个字：勇猛。事实上除了作战勇猛之外，黄忠还有一个令人敬佩的地方，根据历史的记载，据说关羽因对黄忠的任命不满意，曾经称黄忠为老兵，但是按照关羽的年龄进行推算的话，关羽在说这句话的时候，他自己也应该有五十多岁了。那么根据关羽的话来看，黄忠的年龄显然是比关羽还要大。以这样的年纪还能冲锋陷阵，率领大军奋勇杀敌，创造了定军山一战的胜利，实在是难能可贵。

# 姜维：诸葛亮唯一的学生

▶ 人物名片

姜维（202—264），字伯约，天水郡冀县（今甘肃甘谷东南）人。姜维是蜀汉后期著名的军事将领，他以曹魏降将的身份加入刘备集团。虽是降将却颇受器重，被授予大将军的职务，蜀汉的战略决策和军事行动也由他负责，但是蜀汉却在他的手上灭亡。姜维为完成诸葛亮统一全国的梦想曾先后九次发动了北伐战争，战争不但没有取得成果还严重消耗了蜀汉的国力，使曹魏对蜀汉大举进攻之时，蜀军不堪一击，蜀国不仅国土沦丧，国都也被围困，后主刘禅弃城投降。而姜维却因远在剑阁无法应援。之后，姜维又企图通过策反曹魏将领钟来恢复蜀汉的政权，但最终功败垂成，死于非命。

▶ 人物风云

姜维的家族在天水地区极具盛名，与阎、任、赵合称"天水四姓"，州郡提拔官吏经常在这四大姓中挑选。姜维的家族是当地著名的地方豪强。姜维的父亲姜同，曾任天水郡功曹。在镇压凉州地区少数民族叛乱的战斗中，为了保护太守而战死在沙场。年少的姜维自小与母亲相依为命。在姜维母亲的监督下学习了汉末大儒郑玄的经学。姜维在青少年时期就秘密将江湖死士招入门下，为日后的仕途储备力量。因为家族雄厚的势力加上是忠烈的后代，年轻的姜维很快被提拔为中郎将，参与管理天水郡的军事事务。当时年仅二十余岁的姜维，前途十分光明。但是因为诸葛亮的北伐，姜维的人生发生了巨大的转变。

公元228年，诸葛亮第一次发动了北伐战争，历史上称为"一出祁山"。战争之初，诸葛亮大军很快便顺利兵临姜维所在的天水地区。当时天水太守马遵正与姜维、曹梁绪、尹赏、梁虔等人外出巡视。马遵听闻天水被蜀军进攻之后，立即将姜维等人抛下独自逃往上邽。当姜维请求进入邽城被拒之后，无奈之下，姜维等人又回到故乡冀州市，但是也别拒绝。走投无路之下，姜维等人只能投奔诸葛亮。不久天水郡、南安、安定三地纷纷响应诸葛亮，引起了曹魏政权强烈震动。曹真、张郃立即被魏明帝派出迎战。在街亭一战中，诸葛亮大败，不得不放弃天水、南安、安定三郡向汉中撤退。随着战事的逆转，姜维也同诸葛亮来到了汉中。

诸葛亮对姜维很是器重。因姜维久居凉州，了解凉州的社会、经济、政治方面的情况，为诸葛亮夺取凉州并进攻中原战略的实现，起了无法替代的作用。诸葛亮同时发现姜维在军事方面的才能且志向远大，是个可塑之才，所以诸葛亮将姜维看成自己的接班人培养。因此，在姜维归顺之后，诸葛亮立即将他封为仓曹掾、奉义将军、当阳亭侯，还特意写信给向张裔和蒋琬称赞姜维的才能，对姜维抱以厚望。为了姜维的军事才能有所提高，诸葛亮亲自对姜维进行了教导，并将姜维推荐给了后主刘禅。经过诸葛亮的悉心教导，姜维进步神速，很快成了诸葛亮的得力助手。公元230年，姜维得到了诸葛亮的大力推荐，被晋升为中监军征西将军。之后，姜维随诸葛亮参加了数次北伐战争，成为诸葛亮最为器重的军事将领之一。

公元234年8月，诸葛亮在五丈原病逝。诸葛亮死后，后主刘禅任命蒋琬为尚书令、大将军、封安阳亭侯，独自处理蜀汉朝政，并将右监军、辅汉将军、封平襄侯之职封赐给姜维，让他统帅诸军，从此姜维成为蜀汉军队中的前线最高统帅。蒋琬辅政时期，改变诸葛亮时期主动出击的做法，开始在边境地区采取积极防御、伺机进攻的策略。公元238年，曹魏的辽东三郡发生叛乱，后主刘禅趁机命令蒋琬和姜维率领大军进驻汉中地区，伺机向曹魏发起进攻。次年，蒋琬被晋升为大司马，姜维也被授予司马职位，姜维曾多次和曹魏名将郭淮交战并取得了一定的胜利，显露出一部分的军事才能。公元241年姜维因战功被授予凉州刺史一职。公元242年，姜维奉命撤回，数年的边境袭扰战也就此结束。公元243年，姜维又被晋升为镇西大将军兼任凉州刺史（遥领）。

公元244年3月，曹魏大将曹爽率领数十万大军进攻汉中地区，当时汉中地区只有王平率领三万军队镇守。于是后主刘禅命令大将军费祎与姜维一起支援王平。在为期近四个月的战斗中，蜀军以少胜多，成功地将曹爽的主力牵制在秦岭一带，并在沈岭、衙岭、分水岭地区截击曹爽，曹军损失惨重。

公元246年蒋琬去世，费祎接任。姜维重新向费祎提出北伐计划，北伐计划却遭到冷遇。费祎继任之后，认为自己的才能不敌诸葛亮，所以就继续采取蒋琬时期的政策，北伐的计划随之被搁置。公元247年，屡次在战场上获得佳绩的姜维被晋升为卫将军，和大将军费祎一同共录尚书事。不久，姜维又率军平定了汶山郡平康地区的少数民族发动的叛乱。随后，姜维在带军征讨曹魏境内叛乱时与曹魏的郭淮、夏侯霸相遇发生激战，最后退回汉中。次年，姜维在接应曹魏境内的叛军治无戴时，与郭淮再次狭路相逢。最终姜维带领治无戴残部退回到了汉中。姜维的第一次北伐也宣告失败。

此后，姜维在延熙十年到景耀五年间先后发动了九次北伐战争，也就是著名的"九伐中原"。在这九次战争中，姜维三胜三败三平。姜维的北伐战争虽然在战术效果上取得了一定的成绩，但是在战略上却都没有达到占领雍凉、威胁中原的效果。而且让本来就国力弱小的蜀国变得更加脆弱。所以这九次北伐是失败的。

诸葛亮死后，蒋琬、费祎先后主持蜀汉朝政。两人虽然在位期间没有立下大功，但依蜀汉国力日益衰落的情况调整国策，使蜀汉局势较为稳定。随着蒋琬、费祎的先后去世，蜀汉朝政开始走向昏庸。姜维开始被小人排挤，遂放弃北伐。命胡济退守汉寿，护军蒋斌、监军王舍分别驻守汉城和乐城，同时在建威、武卫、石门、武城、建昌、临远、西安等地建立据点。这个战略以放弃险要的地势进行积极防御，在大量杀伤敌军之后再诱敌深入，将入侵敌军彻底歼灭为核心。但是，在后来爆发的曹魏入侵战中，这个战略却被证明是个致命的失误，也直接导致了蜀汉政权的最终灭亡。

公元263年6月，司马昭募集十余万大军大举讨伐蜀国。征西将军邓艾按照司马昭的部署率领三万军向姜维驻守的沓中发动进攻，司马昭对蜀汉发动战略决战的意图被姜维察觉，姜维马上上表后主刘禅，请求派遣张翼和廖化率军分别镇守阳安关口和阴平桥头以防司马昭突袭。但刘禅听信谗言，并没有采纳姜维建议。此后，司马昭的军队攻破蜀军的防守，直逼蜀国国都，后主刘禅开门投降，同时还派人命令姜维停止反抗，蜀汉政权最终灭亡。

姜维投降之后，又企图利用钟会反叛司马昭的时机复国，可惜事情败露，与钟会一起被魏军杀害，终年六十三岁。

## 周瑜：谈笑间樯橹灰飞烟灭

> 人物名片

周瑜（175—210），字公瑾，庐江郡舒县（一说今安徽省庐江县、一说今安徽省舒城县）人。东汉末年军事家、政治家、谋略家，东吴名将。他长相俊美，素有"周郎"之称。周瑜对于军事战略烂熟于心，精通音律。后来周瑜因病去世的时候只有三十六岁。

> 人物风云

周瑜不仅相貌俊美，还颇懂音律。史书上说，哪怕是周瑜醉酒之后，乐曲中只要有一点疏忽，他都能够听得出来，这个时候，他总会回头看看。所以在当时还有一个传说就是："曲有误，周郎顾。"甚至有一些女子想要看看周瑜，她们在抚琴的时候，故意弹错几个音符，就是为了能够让周瑜多看她们两眼。

周瑜的出身也不错，家里世代都是做官之人，他的父亲还担任过洛阳令。

公元190年，孙策跟着自己的父亲去讨伐董卓，到了安徽就落足在周瑜的家里。周瑜便收拾出来自己家的屋子，让他们歇脚。因为他们两个人同岁，在周瑜家居住的这段日子里，他们两个人同进同出，十分的亲密。

公元191年，孙策的父亲孙坚在攻打刘表的时候身亡，孙策将自己的父亲葬在了曲阿，然后带着自己的家族迁到了江都。至此，孙策和周瑜二人依依惜别。

公元195年，袁术命令孙策带兵平定江东，而周瑜则是带着士兵和粮草去历阳帮助孙策。

孙策看到周瑜的到来，心里十分高兴，说道："我能够得到你的帮助，凡事就不用愁了。"孙策和周瑜二人联手一起攻下了横江和当利，将刘繇击退，占据了曲阿。孙策带兵回去后，周瑜也跟着自己的父亲来到了丹阳，这是他们第二次分别。没有多久，孙策和袁术决裂。

公元198年，周瑜到达了吴郡一带。孙策知道后，满心欢喜，亲自出城迎接。孙策还让周瑜做了建威中郎将一职，给他拨了两千士兵，五十匹战骑。另外，孙策知道周瑜喜欢音律，还专门给了他一支乐队，并且给周瑜建造了一处宅院，这样恩厚的赏赐，在当时可以说是无人能比。

随后，孙策带兵想要攻下荆州，于是任命周瑜为中护军，跟着大军一起出征。这一次战役可以说给了他们两人带来了额外的收获。

那时，孙策占领了皖城之后，听说当地的桥公家有两个女儿，拥有闭月羞花之貌，于是孙策娶了大乔，而周瑜则是收了小乔。

孙策的弟弟孙权知道后，特别生气，他还质问桥公："你就不能多生一个吗？"

孙策很是满意，他高兴地对周瑜说："桥公的两个女儿，虽然是姿容貌美，但是能够让我们二人做她们的夫婿，也是一件足以庆幸的事了。"

可是，没想到，两年之后，年仅二十六岁的孙策遇刺身亡，大乔的幸福也就此终止。而小乔也只和周瑜做了十二年的夫妻。周瑜死了之后，小乔为他守寡了多年。

孙策临死之前，将自己的位置传给了他的弟弟孙权，并且告诉他内事可依赖张昭，外事则可听从周瑜。

公元202年，春风得意的曹操，下令让孙权将自己的儿子送到他那里做人质。孙权的儿子只有几岁，怎么舍得，于是便召集大臣共同商议此事。讨论了一天也没有一个满意的策略。晚上，孙权带着周瑜到了自己母亲的身边，再次商量这件事情。

周瑜是站在反对的立场上，他说我们的国家正在日益繁荣起来，如果让曹操抓住了把柄，那么势必会处处受制于他，到了那个时候，不要说成就基业了，您能得几匹马，几辆车就已经不错了，所以，不能将您的儿子送给他。现在我们就静观其变，如果曹操还是任意妄为，那么鹿死谁手，可以见分晓了。

孙权和他的母亲听了之后，认为十分有理，所以一致同意不送质子到曹操那边。

公元208年，曹操占领了荆州之后，实力猛然增加，以张昭为首的大臣们认为应该归附于曹操，只有鲁肃向孙权建议，应该立即将周瑜召回。

周瑜回来之后，对张昭等人训斥了一番。他说，曹操虽然是借着汉朝天子的名号，自立为丞相，实则是汉朝的奸贼。不要看他表面上的实力大增，实际上根本就不堪一击。

第一，曹操刚刚平定了北方，而马超、韩遂等人还驻扎在关西，这可是曹操的一大隐患；第二，现在正是寒冬时节，战马根本就没有草料，这对作战是非常不利的；第三，如果曹操带着自己的士兵长途跋涉，必然会水土不服，生病也是在所难免的；第四，如果他要水战的话，那真的是自寻短路了。

再看我们这边，孙权继承了他哥哥的事业，占地几千里，兵强马壮，在这个时候，怎么能够投降呢，何况曹操前来根本就不足畏惧。只要您肯给我五万精兵，我就能阻挡曹操的进攻。

孙权听了周瑜的话，顿时信心满满，还答应了他的策略，但是心中还是有些打鼓，毕竟曹操的实力在那里摆着。

当晚，周瑜又来找孙权。他说："虽然曹操带着八十万兵力，但是在我看来也就只有十五六万，再加上他们长途跋涉，早已经疲惫不堪了。而刘表那边的人马，看似归顺，实则是抱着观望的态度。你想，曹操带着这些人大战，胜算能够有多大，而我们还有什么可害怕的呢？"

听周瑜这么一分析，孙权的心总算是放下了。他对周瑜说："你所说的话，正是我心里所想的！但是五万精兵，一时之间很难集合。目前只有三万精兵随叫随到，从现在开始准备船只和粮草，还有各种战器，等时机一到，你就和鲁肃一起领兵出征。而我也会做好后援工作，在后方为你们提供粮草和兵力。一战得胜固然是好，但是如果失败了，我们就和他决一死战了！"

赤壁之战，可谓是战的轰轰烈烈，但是这次战役功劳最大的明明是周瑜，最后不知为何会落在诸葛亮的头上。周瑜和诸葛亮可谓是一对冤家，两人斗智斗勇，但是最后周瑜却是屡战屡败。周瑜的性子冲动，凡事就差那么一步，而诸葛亮则是老成持重、技高一筹，凡事做的都恰到好处，这打击了周瑜。赤壁之战后，诸葛亮还不放过周瑜，最后传言竟然是把周瑜给气死了。让他临死之前大喊出来"既生瑜何生亮"的悲愤声音。

曹操失败之后，他还派遣了蒋干前来劝周瑜可以归顺于他。

蒋干打着旅游探亲的名号，拜访了名将周瑜。周瑜是什么人，他早就猜出了蒋干此番的目的，于是见了蒋干的第一句话就是说："你不远千里来到这里，不会是曹操派你来做说客的吧？"

看着周瑜一语道破此行的目的，蒋干十分尴尬，也只能用其他理由遮掩过去。

周瑜立马请蒋干去自己的营帐谈，还为他设了接风宴，盛情有加。

第二天，周瑜还带着蒋干去参观了兵精粮足的军营。

周瑜还对蒋干说："大丈夫一生，能够遇到一个知己的主子，从外在的说，就要对他尽忠，从内在上讲，还有着骨肉之亲，所以要对他言听计从，是福是祸都要一起担当。即便是苏秦、张仪重生，郦叟再次出山，还得抚着他的背谢绝他的好意，这哪是这些幼生所能变动的呢！"蒋干听了周瑜一番话，也不知道该说些什么，最后只得告辞。

蒋干回去之后，对曹操汇报了这次的成果，说周瑜是一个器量端雅的人，他的趣致高卓，要想劝说他投降真是一件难事啊。曹操听了之后还不死心，于是他又写信给孙权说："赤壁之战的时候，我的士兵们都生了病，于是便命令他们将船烧掉，自愿退回。"没想到这一举动倒是成就了周瑜。"

孙权看了曹操的来信，竟然如此诋毁他手下的良将，心中自然是不高兴的，于是周瑜又给他出了主意，先攻占蜀地。

不料，周瑜在赶往江陵的途中，身染重病，死在了路上，终年只有三十六岁。

孙权称帝之后，心里对周瑜仍然是念念不忘，他经常对自己的大臣们说："如果不是周瑜，我怎么能够有今天呢？"

南宋著名的思想家陈亮对周瑜这样评价:"如果周瑜不死的话,他将是曹操最强劲的对手,那么先主也就不知道在哪了!"

可惜了一代英才,就这么去世了!

## 太史慈:江东第一虎将

> 人物名片

太史慈(166—206),字子义,东莱郡黄县(今山东龙口)人。太史慈是我国东汉末期著名的武将,生前为建昌都尉一职。太史慈马术超群,箭法精准。他原本是刘繇的属下,后来被孙策所降服,转而投靠在孙策的帐下,病死于赤壁之战前,终年只有四十一岁。

> 人物风云

太史慈身长七尺七寸,胡子非常的漂亮,特别擅长骑射,他所射出的箭从来都是击中目标,称得上神射手。太史慈年轻的时候就非常喜欢学习,后来又做了本郡奏曹史一职。在那个时候,本郡和本州是有很大的隔阂,不分是非真伪,而他们断案的根据就是自己上司的心情和利益。其时那个时候本州的奏章早就已经发去了有司处,而郡守却还是担心如果落后了会对自己不利,于是便要派遣使者前去查探。

太史慈便是这一次的使者,他才二十一岁,日夜赶路,抄小道到达了洛阳,先是在公车门前等着,等看见州吏来到的时候,太史慈这才开始要求查看奏章。太史慈很客气地询问州吏说:"你也是想要上报奏章的吗?"州吏回答:"当然是。"太史慈随后又问道:"那你的奏章在哪里呢?"州吏说:"在我的马车上。"太史慈又说道:"奏章的署名没有错误吧,可以拿下来让我看一下吗。"州吏并不知道太史慈是东莱人士,于是便命人从马车上拿来奏章给太史慈看。谁知道,太史慈事先已经将一把刀藏在了怀中,一刀便将奏章砍成了两半。州吏见状大声高呼道："有人想要毁坏我的奏章！"话音刚落，太史慈就将州吏带到了自己的车前，向他说："如果你不把奏章给我看的话，我也不可能将他毁掉，现在我们是一条绳上的蚂蚱，一荣俱荣一损俱损，恐怕我们的下场都是一样的，并不只有我来承担这个罪名。与其就这样等着获罪，还不如我们结伴同行，一起逃亡如何，这样一来我们还可以保全自己的性命，也不用担心受到什么刑罚。"州吏不解地说道："你的目的就是毁掉我的奏章，现在你已经成功了，怎么要逃亡呢？"太史慈回答说："刚开始的时候，我只是受了本郡的差遣，前来看看奏章是不是已经呈上去了，就这样而已。但是因为我做事情太过于偏激，才导致了奏章损坏。如今这个样子，就算我想要还回去，也必定会受到处罚，所以我希望你可以和我一起逃走，相互也有个照应。"这个州吏相信了太史慈所说的话，于是立刻就和太史慈踏上了逃亡的道路。但是太史慈和州吏刚刚跑出城之后，太史慈又偷偷地跑回城中，回禀自己的本郡主人，告诉他已经完成了使命。本州也知道了这件事情，又重新派了一名官吏，去洛阳送奏章，但是有司已经先拿到了郡章，所以对于州章的上述不予理会，这一次，州家可是吃了大亏。也正因为这样，太史慈一剑成名，成了州家人的眼中钉、肉中刺，为了防止这些人趁着太史慈不备而谋害他，太史慈就跑到了辽东一带，暂避风头。

公元193年，太史慈的这件事被北海相孔融知道了，心里感到非常的奇怪，于是好几次，孔融派遣人员带着礼物去太史慈的老家，向他母亲询问太史慈的下落。正好当时孔融和黄巾贼寇在周旋，不料中途却被黄巾军围困。这个时候，太史慈从辽东返回了自己的家乡，他的母亲说道："你和北海孔融虽然并没有见过面，但是自从你离家之后，他经常派人给我送来礼物，比我们自己家的亲戚朋友还要好；而现在他被黄巾贼寇所围困，也应该是你报答他的时候了，你快快前去，帮助他脱离困境。"于是，太史慈听从老母亲的话，在家待了两天后，就启程赶往都昌去了。当时的黄巾贼寇的队伍并不紧凑，所以太史慈趁着夜进入包围圈，和孔融碰了面，给他提出建议要发兵讨伐贼寇。孔融不听他的话，只是坚持要等到援军。但是援军一直没有到来，而贼寇也渐渐地逼近。孔融想要派人告诉平原相刘备，让他前来营救，但是他的手下们却都不愿意以身犯险，突出重围，最后太史慈主动请缨，可以代为前行。孔融说道："现在我们早就被贼寇给包围了，所有的人都说很难突出重围去请援兵，虽然你有此心，但这真的是一件非常困难的事情啊。"太史慈则是回答说："以前您派人全心全意地照顾我的家母，家母对您非常的感激，这才让我前来帮助你解决这次的困难；太史慈的身上也有可取之处，这一次一定能够帮助您。现在所有人都说这一次不能够突围，如果我也这么说的话，岂不是要辜负了您的爱护之意，违背了家母让我此次前来的初衷呢？现在，局势比较紧迫，还请您不要再犹犹豫豫了，您应该相信我。"话已经说到这，孔融也只好同意了这件事情。太史慈等到天亮之后，就带着箭囊，翻身上马，他的身后还跟着两匹白马，马的身上都各有一个箭靶，他直接冲出城去。城外的贼寇看到这种情况，都十分的惊慌，不过很快就反应过来，准备好作战。但是太史慈只是带着马来到了城壕边缘，对着目标射上几剑，随后又带着这些马匹回到城中，就这样，第二天，第三天都是如此。原先的贼寇们还会做好防备，后来看他一直这样，也就放松了防备。

这天早晨，看到太史慈还是骑马出城，所有的贼寇们都没有起来戒备，等到太史慈的马突出重围之后。他们才察觉到事情有变，刚想要追击，太史慈马上射出几箭，均无虚射，中箭之人应声倒地，众人看到这般情况，都不敢再继续追击。过了没有多长时间，太史慈就到达了刘备的地盘，他向刘备说道："我是太史慈，东莱人士，和孔北海没有任何的关系，既不是同乡也不是朋友，只是比较钦佩他，再加上我们曾经共患难的情分。如今管亥那边发生了暴乱，孔北海和众人皆被围困，现在正处于孤立无援的状态，孔北海的生命危在旦夕啊。早就听说，您是一个仁义之人，能够救人于水火之中，而孔北海也深知您的为人，现在他们正盼望您可以前去相助，更何况我冒死突出重围，就是为了能够将消息说给您听，希望您能够相信。"刘备收起自己的笑容，很严肃地说道："连孔北海都知道我刘备的存在吗！"于是立马派了三千精兵跟着太史慈一起去了都昌。贼寇听说孔北海的援兵来了，早就作鸟兽散，四处逃窜。孔融也安然脱险，从这之后，孔融对太史慈极其重视，说道："你可真是我的好友啊。"这件事情过去之后，太史慈回来告诉自己的母亲，他的母亲也说道："你能够报答孔北海，我的心里是十分的高兴啊！"

公元195年，扬州刺史刘繇一直想见大名鼎鼎的太史慈，于是二人还专门见了一面。但是这个时候，孙策已经开始攻打东阿。太史慈的旧识都向刘繇举荐太史慈，可以让他做将军带兵抵抗孙策，没想到刘繇却说："如果我启用了子义，那么其他的将领们必然会笑话我不会用人。"他并没有听从他人的建议，只是命令太史慈去查探军情。到了神亭的时候，太史慈和他的一对小兵就这样正面碰上了孙策。而孙策的身边都是黄盖、韩当这样的忠勇良将，哪一个拿出来都是威名远扬。而太史慈却对此毫不畏惧，只身上前与之相斗。在和孙策的比试中，孙策一剑刺倒了太史慈的乘骑，更是将太史慈脖子后面的手戟拿了下来，而太史慈也不含糊，将孙策的头盔抢在了手中。一直到了两家援军赶到，两人才停了手。

后来，在泾县之战中，太史慈被孙策俘虏，孙策还亲自给太史慈松了绑，紧握着太史慈的双手说："你还记得神亭的那一战吗？如果当时你将我擒住，你会怎么处置我呢？"太史慈回答说："我不知道。"孙策听后，哈哈大笑，说道："往后的道路，我们一起打出来吧。"说完，任命太史慈为门下督，到了吴国之后还给了他一部分的兵权，还将他提升为中郎将。后来刘繇在豫章去世，他的几万部下都不知道要投靠谁，这个时候孙策便命令太史慈前去招安。孙策身边的人都说："这一次太史慈前去，很可能就一去不复还了。"孙策却是比较有信心地说："太史慈将我丢弃的话，他还能去投靠谁呢？"并且还给太史慈准备了饯行宴，亲自将他送到了昌门，在临走之前，孙策拉着太史慈的手问："什么时候才能回来？"太史慈答："最多六十日而已。"最后，太史慈如期而返。

太史慈，人送称号为江东第一神射手，他的箭弦虚无空发。太史慈在临死之前说到："在这个乱世之中，只有拔剑而起，建功立业才是大丈夫所为，如今这个心愿还没有完成，怎么能够死呢？"这句话让人听了，既感伤又钦佩，真不愧是江东第一虎将啊！

## 黄盖：苦肉计的主角

> 人物名片

黄盖（生卒年不详），字公覆，零陵郡泉陵县（今湖南省永州市）人，东汉末期时著名的将领。他生前辅佐了孙坚、孙策、孙权三位君主。公元208年，赤壁之战发生的时候，黄盖只身去了曹操的营帐假装投降，并且还找了一个机会火烧了曹操的大营，赤壁之战之所以能够胜利，黄盖也是功不可没。正是因为这件事情，他的事迹被后人广为流传。

> 人物风云

黄盖的祖先是南阳太守黄子廉，但是却因为战乱频繁，导致和自己的家族分离，黄盖的祖父则是带着全家迁移到了零陵。后来黄盖的亲人们都陆续死去，一时之间，黄盖生活凄苦无比，但是人穷志不短，黄盖经常警诫自己。在日常的时候，他注意研究兵法。后来担任了郡吏一职，紧接着又被举荐为孝廉，提升为公府。

孙坚举义兵，黄盖跟随了孙坚。等到孙坚将山贼剿灭之后，随后又将北方的董卓打败，孙坚便提拔黄盖为别部司马。公元191年，孙坚不幸身亡，黄盖又继续帮助孙策和孙权，南征北战，立下了汗马功劳。曾经有一段时间，山越诸部族不愿归服孙吴或者有贼寇作乱的县份，总是用黄盖为那里的地方行政长官。

有一回，黄盖在驻守石城的时候，他了解到当地的县吏十分难缠，于是他下令颁布了几条法令，刚开始的时候，所有的县吏还都不敢有什么大的动作，但是随后慢慢地发现黄盖并没有看文书，于是便肆无忌惮起来，黄盖为了树立威严，特地找出犯错的人，斩立决，杀鸡给猴看，起到了很好的震慑效果。后来黄盖又担任了春谷县县长、寻阳县县令等，他前后任职过的九个县，每一个都被他治理得井井有条。

自从孙坚死后，孙家的力量还不足以对抗其他外敌，而黄盖只能带着他们兄弟二人依靠在袁术的帐下。公元194年，孙策寻了一个理由，说是要帮助袁术攻占江东，从这之后，孙策也就脱离了袁术的控制，开始以江东为中心，向外扩展自己的势力。

历史上著名的赤壁之战，是一个以少胜多的典型例子，曹操的军队来势凶猛，而黄盖则是再三的考量，决定"火烧赤壁"，于是便将自己的想法告诉了周瑜。黄盖分析说："今天敌众我寡，如果长久的僵持下去，最终失败的就是我们。曹傲的战船首尾相连，可以采用火攻的方法。"

周瑜听了黄盖的建议之后，心中十分赞赏。于是两人商定，决定采用诈降的计策，先让黄盖给曹操写了一封诈降书，表明自己投降的决心。信上是说："孙家的恩惠实在是不薄，还将我任命为了大将军，给了我最优厚的待遇。然而再看看当今天下的局势，只用那些江东六郡之人来抵挡你的百万之众，实在是以卵击石，结果都能够预想得到。孙权帐下的将领都知道不能够与您抵抗，只有周瑜和鲁肃二人见识短浅，还没有看清现在的局势。今天我想投奔在您的帐下，实在是唯一的办法。周瑜所率领的将领，一击便破。在两军交战的时候，我作为一个将领，应该看清当下的情况，选择一个英明的主子。"

就这样，曹操相信了黄盖的话，接受了他的投降，而黄盖则是找准了一个机会，将曹操的船只放火烧掉，因曹操的军队不习水性，所以损伤严重，就这样，以九郡人马战胜了曹操的百万大军，真的是奇妙之策啊！

史书中曾经提到过这么一个小插曲：在赤壁之战的时候，黄盖中箭掉入了冰冷的河水中，恰巧被吴国人所救，但是却没有一个人知道是黄盖，也只是将他放在了床上并没有多加照看。黄盖大喊了一声"韩当"，韩当听了之后，说："这是黄盖的声音。"于是进去查看，真的是黄盖，韩当当着黄盖的面就痛哭起来，赶忙将黄盖的衣服换下来，给他治理伤口，在韩当等人的悉心照顾下，黄盖才得以活下来。

后来，武陵蛮夷发起叛乱，而黄盖又是首当其冲，被孙权任命为武陵太守。在这个危急的时候接下这个命令，黄盖马不停蹄地赶到武陵，正好赶上了武陵的叛军正在攻城，而城中却只有五百名士兵，谁众谁寡，已然明了。

但是黄盖却从来不畏惧，他将城门打开，等到叛军走到一半的时候，黄盖下令全力阻击，杀了几百名叛贼之火，其他人都尽数逃窜，杀死将领之后，其余的人只要肯归顺就会捡的一条性命。虽然说这一场战役，远不如赤壁之战那般轰轰烈烈，但是却有利于稳定东吴的局势。

通过上面的这些描写，我们可以知道黄盖有着赫赫战功，吴国的建立和巩固，都少不了黄盖的功劳，可以说是东吴不可或缺的将才。

黄盖勇猛无畏，战场上他是顶天立地的英雄，而在治理地方上，他却又是一个足智多谋的勇士。东吴初期的时候，孙权刚刚稳住脚跟，四周叛乱纷起，每逢遇到这种事情时，不用说，黄盖第一个赶往前线。

黄盖的一生主要游走在各个战场之上，战功赫赫，一直担任偏将军的职务，直到他因病去世。

黄盖这个人，有勇有谋，文武全才，他的长相比较伟岸，善于拉拢人心，每一次的战场上，黄盖的手下从来不畏惧生死，反而都争先恐后地去战场效力，所有的士兵都爱戴他。黄盖是一个比较有决断的人，在他做官期间，什么事情都没有滞留过，他平定了诸多的叛乱，深受各地百姓的拥护，黄盖一生战功卓越，孙权登基为帝之后，根据黄盖的功劳，又封黄盖柄爵关内侯。百姓们为了纪念他，还给黄盖建造了一座祭祀祠，以此来表达百姓对黄盖的缅怀。

## 甘宁：智勇双全的折冲将军

▶ 人物名片

甘宁（？—219），字兴霸，巴郡临江（今重庆忠县）人。甘宁的祖籍是荆州南阳。三国时期著名的大将。甘宁这个人性情比较暴躁，喜欢记仇。甘宁为人刚直威猛，忠心耿耿，从来不惧任何的困难。

## 人物风云

甘宁，汉末时期益州巴郡临江人，祖籍荆州南阳。在汉末时期，他的家族在临江地区权势显赫，成为当地的五大豪门之一。出身豪门的甘宁年少叛逆，不仅没有为自己的家族增光添彩，反倒开始仗势欺人，横行乡里。他还聚集了一群游手好闲的少年，到处游荡成为临江一霸。后来仗势杀人，但却凭借自家的权势轻松脱险。甘宁少时奢侈成风，成为当地有名的纨绔子弟。

就在家里人对甘宁感到彻底失望之际，甘宁却幡然悔悟。他不再到处惹祸，将自己关入书房之中开始研习诸子的著作。起初家里人并不相信甘宁的改变，但随着时间的考验，甘宁浪子回头的事实才被大家接受下来。看到甘宁的改变之后，甘宁利用家中的关系做了当地的一名官吏后又升任蜀郡郡丞。因为此番官场经历，让甘宁对当时复杂而纷乱的社会形势有所了解。

甘宁担任蜀郡郡丞之时，正处于汉末群雄争霸之时。益州地区在刘焉之子刘璋的控制之下。后来甘宁在担任蜀郡郡丞之后因不得志，不久之后便弃官回家。后来甘宁发起叛乱，因刘璋在益州豪强赵韪等人强力镇压下，甘宁败下阵来，他带领门客、仆人共八百余人离开益州前往荆州，投靠到刘表手下。

甘宁到达荆州之后，刘表安排他到祖籍地南阳，甘宁并没有得到刘表的重用，把甘宁放到南阳之后便弃之不顾。这让甘宁很是不满。在南阳的六年期间，甘宁对荆州政局和刘表本人有了一个十分客观的认识。

甘宁在南阳期间，中原地区的局势也发生了极大的变动。曹操集团逐渐将豫州、兖州、徐州等地占据，实力大增，而原来的中原霸主袁绍集团也通过对公孙瓒的战争获得了并州、幽州、冀州、青州等地，曹操、袁绍双方为争夺霸主地位在中原地区展开了一次决战。通过孙策、孙权等人的努力下，东吴集团将江东六郡收于囊中，东吴势力开始向荆州发展。甘宁很快敏锐地预感到在这场割据战中刘表会败下阵来，荆州也将被其他势力所瓜分。于是经过深思熟虑之后，甘宁决定离开南阳投靠东吴集团。

公元 200 年左右，甘宁打算离开南阳，却不料在途经夏口时，受到了刘表守将黄祖的阻击，在离开夏口无望的情况下，甘宁只能被迫投靠黄祖。黄祖与刘表一样，对待甘宁并不看重，只给甘宁在军中随便安排了一个职务，让想要施展才能建功立业的甘宁恼怒不已。不过甘宁的才能却被黄祖军中的都督苏飞看重，并多次向黄祖推荐甘宁，虽然黄祖一直对他的推荐没有采纳，但是甘宁与苏飞却成了好友。

甘宁所处的夏口地处荆州和江东边境交界地区，战略位置十分重要，而黄祖又是孙权的杀父仇人，因此，孙权想要以夏口作为东吴集团西进的突破口夺取荆州。公元203年10月，孙权亲率周瑜、吕范、程普、黄盖、韩当、周泰、吕蒙等东吴大将对黄祖发起进攻。战事一开始，黄祖的军队就屡次战败，不仅水军遭到重创，而且沙羡也受到了东吴大军的猛烈进攻。在一次战役中，黄祖大败，部队四散而逃，幸得甘宁及时将东吴将领凌操射死了，才将被吴军追赶的黄祖救出了，稳定了局势。后因孙权后方发生叛乱撤兵，夏口才没有落入敌手。此战之后，昏庸的黄祖非但没有对甘宁进行奖励反而开始诱化甘宁的门客，让甘宁彻底绝望再起投靠孙权的念头。后在好友苏飞的帮助之下，公元207年，终于得偿所愿带领重新集结的门客离开了被困居十三年之久的荆州，转投到东吴集团旗下。

来到江东之后的甘宁，马上引起了周瑜与吕蒙的高度重视。由于甘宁对荆州地区特别是夏口非常了解，周瑜和吕蒙也看出了这一点，马上求见孙权，希望孙权能够优待甘宁。孙权对甘宁的格外关照使甘宁十分感动，不久，甘宁向孙权提出了经过自己多年思考之后总结而出的东吴未来发展方略。甘宁认为：随着汉朝的败落，曹操必定篡汉自立。由于荆州地区位置优越，甘宁又提出了夺取荆州的策略。

公元208年春开始，东吴集团根据甘宁提出的策略，开始对黄祖展开了新一轮的进攻。战事的发展果然不出甘宁所料，面对东吴军队的进攻，黄祖部队很快败下阵来，黄祖也被吴军俘获。战争结束之后，孙权对甘宁及时提出的进攻策略进行表彰，将一支军队交给了甘宁管理，并命令甘宁驻守夏口地区。甘宁也凭此战正式成为东吴集团的一名将领。

甘宁成为东吴集团正式将领之后，赤壁之战爆发。甘宁随周瑜、吕蒙等人到乌林地区一起抵抗曹操，并亲眼目睹了曹操集团在赤壁之战的惨败。不久，由孙刘联军共同发动的江陵争夺战爆发，甘宁又奉命参加。这次重返荆州对于困居荆州十余年的甘宁而言正是他建立自己的功业的大好时机。

在战争爆发不久，甘宁就向周瑜提出亲自率军直取夷陵。周瑜随即答应了甘宁的请求，但是由于江陵战事陷入僵局，周瑜不能给甘宁调集更多的士兵，因此，甘宁只带领一千多士兵向夷陵展开进攻。不过甘宁善于用兵使这一千士兵发挥奇效，出其不意地对曹军发起攻势，曹军很快败下阵来，夷陵也落入了甘宁之手。后江陵守将又派兵想要夺回夷陵地区，但由于甘宁的镇静指挥，守住了夷陵。经过一年的江陵争夺战也随之以孙刘联军的胜利结束。随后，甘宁又和吕蒙一起转入东线战场，展开了与曹操的淮南争夺战。

公元214年，甘宁又参加了皖城争夺战，因功被加封为折冲将军。公元215年，甘宁又在合肥之战中与吕蒙一起将孙权救出。之后，甘宁又在与关羽的对战中表现出色被提升为西陵太守并兼管阳新、下雉等县。随着孙刘双方在荆州数郡的归属权问题上达成协议，甘宁又一次进入了淮南战场。

公元216年，曹操率领四十万大军，对濡须口进行了第三次进攻，而孙权只有七万之师抵抗。孙权为了打击曹操的气焰，派甘宁率领三千人作为前部先锋，并命令甘宁紧急调集一百多名勇士趁着夜色对曹军先头部队进行奇袭。甘宁和众将士杀敌无数，并成功撤退。事后，孙权对甘宁的老当益壮，英勇杀敌钦佩不已。

在三国时期，甘宁作为东吴集团的一名战将，多次在关键时刻立下汗马功劳，对东吴集团的发展作出了重要的贡献。公元219年甘宁去世。甘宁去世之后，江东一带的百姓对他很是推崇，据说在宋代还被尊奉为吴王并为其立祠供奉。唐代诗人孙元晏曾作《甘宁斫营》一诗来缅怀甘宁的英勇事迹。诗曰：夜深偷入魏军营，满寨惊忙火似星。百口宝刀千匹绢，也应消得与甘宁。

# 吕蒙：审时度势的江东虎臣

> 人物名片

吕蒙（178—220），字子明，汝南富陂（今安徽阜南吕家岗）人。东汉末年三国时期东吴的一员大将。曾经与名将关羽一起北伐曹魏，趁荆州空虚偷袭成功，使东吴的面积大增。在东吴历任大小官职，曾被封为"孱陵侯"。

> 人物风云

少年时期的吕蒙曾经南渡长江，到江东投靠在孙策军中为将的姐夫邓当，他多次跟随大军出征讨伐山越。由于战事激烈，邓当居然没有发现他。后来，邓当想要将吕蒙送回家，并把这件事告诉了吕蒙的母亲，家里的亲人都不同意他去从军，但年轻的吕蒙，一心报国，他的决心也感动了自己的亲人，最后留在了军中。

不过，由于吕蒙的年轻幼稚也差点招致了杀身之祸。吕蒙从军之后，军中有一名官吏曾经当众侮辱吕蒙。吕蒙非常生气，一时没忍住竟然将其杀死了，事后他逃到了同乡郑长家中，但不久他又主动找到校尉袁雄去自首。袁雄了解了情况，觉得他是个人才，就去孙策那里为他求情。孙策不但没有怪罪他，反而将他留在了自己的身边。吕蒙在孙策的言传身教之下，进步非常快，没过几年就已经在军中小有名气。

建安五年（公元200年），孙策遇刺身亡，孙权继位。孙权在一次整编军队的时候发现了吕蒙的才干，将他所带领的一小部军队进行扩充，并交给他统一操练。建安八年，吕蒙奉命和孙权一起对荆州割据势力黄祖进行征讨。在孙权和周瑜的指挥下，战事得以顺利地进行，不仅黄祖的水军被击溃了，而且迅速兵临黄祖的老巢——沙羡城下。然而，就在胜利即将到来的时候，大规模的山越在江东各郡作乱，孙权无奈撤军，转而开展大规模的镇抚山越军事的行动。吕蒙也随军出征，先后参加了豫章、丹阳等地的战役，并因战功被加封平北都尉，兼任广德长。

从此时起，孙权开始注重对吕蒙的培养，一些军国大事也开始让吕蒙参与。公元207年，吕蒙和周瑜一起去拜见孙权，共同向孙权推荐甘宁。在吕蒙和周瑜的大力举荐之下，孙权采纳并实施了甘宁提出的建议，马上再次开展对刘表大将黄祖的进攻。在甘宁的建议之下，孙权在公元207年和公元208年分别发动了两次对黄祖的进攻。在第二年的进攻中，吕蒙和董袭、凌统一同成了前部先锋。对于黄祖的抵抗，董袭和凌统各自带领一支百余人的敢死队，士兵们身穿重甲，乘船突袭敌阵，在凌统和董袭的掩护下，吕蒙对赶来支援的黄祖水军都督陈就迅速发动进攻，并将陈就斩首悬颅示众。随后东吴军队大受鼓舞，势如破竹，成功拿下城池，将黄祖斩杀。吕蒙也因在此战中表现出色，被孙权升迁为横野中郎将并赐钱千万。

公元208年7月，曹操进攻并占领了荆州大部地区。为了对曹操的进攻进行抵御，孙权与刘备结盟，与曹操进行决战，也就是著名的"赤壁之战"。在东吴集团小有名气的吕蒙也在此时率领军队，第一次与来自北方的曹操军队作战。最后，曹操在乌林地区的惨败。

一直想要扩充吕蒙势力的周瑜，趁着割据益州的刘璋集团的时候发生内讧，其大将袭肃率部投靠东吴之际，向孙权提出，将投靠东吴的袭肃部队交给吕蒙指挥。然而，吕蒙却婉言拒绝了周瑜的好意。他认为，对于有胆有识且不远千里前来归顺的袭肃，保留其兵权并予以嘉奖才是更加稳妥的办法。于是周瑜采取了吕蒙的建议，保留了袭肃的兵权。

赤壁之战后，曹操将主力撤回到北方，留下曹仁在江陵地区镇守。为了夺取江陵这块战略要地，在赤壁之战结束不久，孙刘联盟就进行了对江陵地区的围困，这次长达一年多的江陵争夺战，吕蒙也加入其中。为了尽快结束战争，周瑜派甘宁向夷陵进军，企图封锁江陵地区。很快甘宁就以仅一千多人的兵力迅速拿下了夷陵，但甘宁被曹仁派出的五六千人围攻，形势十分危急，甘宁迅速派人向周瑜请求增援。就在群臣对是否增援甘宁一筹莫展之际，吕蒙则是站出来主张要对甘宁进行增援。同时，吕蒙又提出对付夷陵敌军的方法，先派兵用木柴堵住夷陵敌军的退路，迫使敌军弃战马徒步而行，从而缴获东吴部队急需的战马。采纳吕蒙建议之后，东吴军队大败敌军，敌军死伤过半,被迫趁着黑夜逃走,吴军收缴战马三百多匹。此后,士气大振的吴军很快回军渡过长江,长江北岸建稳固的进攻阵地也随之建立。曹仁在驻守江陵一年之后,不得不放弃江陵地区。此后,除了荆州北部的襄阳和樊城之外,孙刘联军占据了荆州大部地区。随后,吕蒙因战功被封为"偏将军",兼任浔阳令。

虽然吕蒙在用兵方面颇为擅长但是却不爱读书。由于严重缺乏文化知识,一旦遇到重大军情无法用文字写奏章,只能用口授的方式进行表达。同时,吕蒙由于文化知识的缺乏,他也无法从书中吸取前人的经验来提高自己的能力。于是孙权开始对于吕蒙进行了耐心的说服工作。也就是后来著名的"孙权劝学"的故事。

数年之后,吕蒙读过的书籍比一些专门治学的大儒还要多。随着文化知识的不断增长,眼界也开阔了很多的吕蒙,对天下大势能够进行清醒的分析和认识,使自己开始由单纯的武将向智勇双全的名将转变。

在吕蒙刻苦学习期间,汉末的局势也变得更加复杂。三国鼎立的局势纷争不断。公元210年东吴大将周瑜病逝,孙刘联盟的倡导者鲁肃续任,因此,东吴在荆州地区陷入僵局,吕蒙开始思索对敌之策。不久,对吕蒙了解有限的鲁肃途径吕蒙的驻地时,吕蒙终对鲁肃提出了五条应付关羽突发事件的方案。鲁肃大为佩服。这次会面也成了三国历史上"士别三日,当刮目相看"一段佳话。

不过,吕蒙提出的方略还没等在关羽身上实施,曹操就大规模发动进攻,让东吴集团不得不将主要兵力转移到淮南地区,随后吕蒙也被孙权紧急调往淮南增援。在随后的战争中,吕蒙不仅表现了一贯的英勇,而且还灵活运用不同的战略战术,并在战场上屡获佳绩。

曹操在东吴边境地区不断进行的蚕食和侵扰活动,面对这种情况,吕蒙奉命进攻曹军驻守在蕲春郡的典农中郎将谢奇,公元214年,吕蒙决定对谢奇进行进攻。首先他采用了诱敌深入的策略,未果之后,他采取了伺机突袭的战法,终于击败谢奇,谢奇虽然侥幸逃脱,但是他的手下宋豪、孙子才等人却率队投降,吕蒙从而取得了东线战场的首胜。

为了进一步打击曹操在淮南地区的势力，吕蒙建议孙权马上对皖城发起进攻并夺取该城。经过周密的部署和激烈的交战，吕蒙率领部队取得了皖城之战的胜利。孙权因战功封吕蒙为庐江太守，并将俘虏的全部曹军士兵和战马赐给了吕蒙。同时还赐给吕蒙浔阳县屯丁六百人及属吏三十人。

赤壁之战后，刘备势力迅速发展成为汉末政治舞台上一支举足轻重的势力。对于刘备集团的发展，孙权决定在关羽控制的荆州地区采取行动，将荆州数郡武力夺回。经过多次战争之后，双方重新划分了荆州的控制范围。吕蒙也因在战争中表现出色被嘉奖。这场争夺结束之后，吕蒙奉孙权之命返回东线，出兵合肥，与曹军展开激烈的战争。后又在对曹战役中屡次化解危机，并在合肥之战中将被困的孙权冒死救出，被孙权升迁为左护军、护卫将军。

经过数年战争经验的积累，吕蒙对刘备集团和曹操集团的作战实力和特点有了非常深刻的认识，并认真的思考和研究出东吴发展战略，并将自己的想法当面告诉了孙权。孙权对吕蒙这些审时度势的意见进行采纳，并在数年之后将其具体实施。这些意见的实施，对汉末的政治形势产生了重要的影响。

公元 217 年，鲁肃病逝，吕蒙继任之位。随后，吕蒙与关羽在战场上相逢。吕蒙制造种种假象迷惑关羽无效后，一边分析和研究关羽所属荆州地区的情况，另一方面等待关羽犯错的时机，准备将其一击致命。公元 219 年，关羽配合刘备发动了襄樊之战，却没有将主力调往前线，吕蒙立即上书孙权，建议以自己患病为借口，带领部分士兵离开陆口回到建业治病。使关羽放松警惕。随后让陆逊接任自己的职务，成功地迷惑了关羽。在一番精心策划之下，成功夺取荆州的江陵地区。最后关羽败走麦城，被杀。

荆州之战结束之后，不久，吕蒙因旧患发作，孙权到处招募东吴境内的医者，救治无效之后去世，享年四十三岁。孙权悲痛欲绝，命三百户人家为其守灵。

# 陆逊：大败刘备的东吴智将

> 人物名片

陆逊（183—245），字伯言，吴郡吴县（今江苏苏州）人。三国时期吴国政治家、军事家，曾经担任吴国的大都督、辅国将军和丞相。

> 人物风云

在《三国演义》中，陆逊不仅曾被刘备、关羽瞧不起，就连东吴的张昭、顾雍也对他不屑一顾，但是最后这些人却都败在了他的手下。

陆逊出身江东大族，他的祖父陆纡曾经担任城门校尉。其父陆骏，曾任九江都尉。陆逊十岁的时候，父亲就去世了，他只好跟随从祖父庐江太守陆康，到他任职的地方去读书。袁术当时与陆康不和，教唆孙策去攻打庐江。一个多月之后，陆逊的祖父陆康病死。这样十二岁的陆逊，不得不开始照顾全家，照顾比他小的叔叔陆绩。公元203年，二十一岁的陆逊被孙权应召为官，成为他的幕僚。陆逊先后担任了东、西曹为令史、海昌屯田都尉，兼海昌县令等官职。在担任海昌屯田都尉期间，海昌连年遭受旱灾。陆逊召集有识之士商谈解决之法。当时的农民因为贫困不得不投靠一方豪强，被一些豪强集结起来与北方的曹操遥相呼应，对抗孙权政权。

对于农民形成山贼扰乱地方之事，陆逊提出两条建议。其一是派大部队，一户一户进行整顿检查，二是把山寨中强壮的农民招为士兵。通过这种措施，陆逊很快对多年的叛乱进行了有效的平定。此后陆逊又先后平定了鄱阳和费栈等人的叛乱。通过镇压这些叛乱，陆逊积累了丰富的战争经验，也组建了一支强大的队伍。

周瑜在赤壁之战、荆州之战的时候，任命陆逊为第五小队队长。后孙权在后方援战周瑜的时候，又任命他为先锋官。公元219年，吕蒙被孙权派去攻打关羽后方，夺取荆州。吕蒙到达前线之后发现对防备充分的关羽无从下手，进而因焦虑过度病倒。陆逊为吕蒙出计麻痹关羽。吕蒙发现陆逊为可造

之才，遂向孙权禀报将陆逊升为右部督

陆逊到达陆口之后，先在表面上对关羽极力奉行阿谀奉承之事，让关羽对自己放松警惕，麻痹大意。就在关羽调离对付东吴的主力部队用于全力抗曹之时。收到消息的孙权马上命令吕蒙和陆逊分道攻打荆州，很快江陵、公安两地被吕蒙攻占。陆逊率军长驱直入，直取南郡。随后陆逊被孙权任命为宜都太守，拜抚边将军，封华亭侯，俘获陈凤，大破房陵、南乡太守，征讨文布、邓凯等人，占领了秭归枝江、夷道，守住了峡口，堵住了关羽退回益州的大门。关羽败走麦城，被东吴俘获，随即被杀。

两年之后，陆逊再次在秭归、夷道两地大胜刘备。创造了三国时期的第三次大规模战役传奇。

221年7月，刘备称帝三个月之后，以替关羽报仇为名，挥军东征。当时不想与刘备反目的孙权在两次议和失败之后，不得不任命陆逊为大都督、假节，统率朱然、韩当、徐盛、潘璋、孙桓等部五万人抗拒蜀军。

陆逊到达前线之后，吴军士气消沉。陆逊仔细分析了吴、蜀双方兵力、士气以及地形等条件。在进行详细的分析之后，陆逊决定采取避实击虚的作战之法。于是吴军一直后撤到夷道、猇亭一线，战争转入战略防御阶段。

公元222年2月，为了调动一直避战的陆逊的积极性，刘备先是派张南率兵围攻孙桓。无果，陆逊依然不出战。此后，刘备进行了一系列向吴军挑起战争之事，陆逊皆不理睬。随着天气越来越热，刘备不得不将水军的舍舟转移到陆地上，军营驻扎在深山密林中避暑。蜀军士气开始沮丧，放弃了水陆并进、夹击吴军的作战方针。陆逊认为战略反攻的时机已经成熟，于是派淳于丹去试探蜀军的实力，淳于丹大败而归。在淳于丹打败的时候，让刘备完全放松警惕之时，陆逊派朱然、韩当、周泰等人兵分三路乘夜突袭蜀军军营，顺风放火。蜀军军营大火一起，马上全线崩溃，刘备只得向夷陵西北的马鞍山逃去。陆逊集中兵力全面围攻刘备，蜀军大败。

这次战争失败之后，刘备的事业也随之分崩瓦解。从此一蹶不振，在白帝城亡故。陆逊也因此一战成名，敌人闻陆逊之名而惧，后人闻陆逊之名而敬。

随后陆逊又在吴魏之战中大败魏军，杀死擒获魏军一万多人，缴获万辆牛马骡驴车乘，军资器械无数。公元232年，陆逊率领大军向魏国的庐江地区进军，被敌获知兵少的实情之后，沉着应对，与诸葛亮联手虚张声势，加上魏军对陆逊多有忌惮。成功斩获战俘一千多人并安全撤回。陆逊虽多次对魏作战，但是对于俘虏一直采取宽大处理的政策。

陆逊是个军事奇才，却不好战。他支持对国家、人民有意义的战争，坚决反对劳民伤财的战争。其中有两次战争比较典型：一是反对征服台湾，二是反对征讨公孙渊。

陆逊的主张是以仁德治国。即宽赋息调，施德明礼，宽法缓刑。陆逊认为东吴的法令太多，量刑过重不利于民生；对外，他主张要少发动战争，以休养生息为主，轻徭薄赋，才能富国强兵，统一天下。

孙权年少之时，颇有作为，但是老年之后的孙权开始变得残暴、昏庸，不可理喻。政见的不同也致使孙权与陆逊的矛盾日益加深。后因太子孙登被废致死之事，与陆逊关系更加破裂。

孙权早因对陆逊心生防备之心，且又因其太子不得人心之事，一再打压陆逊等朝中大臣。他先削除了陆逊的亲党，后又派人到陆逊府前责骂，极尽恶毒之事。

公元245年二月，陆逊因悲愤而死。陆逊死后，家中没有剩余的钱财。陆逊长子陆延英年早逝，次子陆抗继承了他的爵位。陆抗有大将的才能，后来成了吴国后期最著名的将领。陆逊死后，在陆抗的扶持之下，东吴在孙权死后的第二十八年灭亡了。一直到景帝孙休继位的时候，陆逊才被追封为昭侯。总结陆逊的一生：名门出身，年少有为，攻荆破羽，夷陵之战，书写历史，以民为本，儒术治国，社稷之臣，文武之才，虽未善终，名终传扬。

# 文人墨客——乱世才子耀千秋

## 曹植：七步成诗的"仙才"

### 人物名片

曹植（192—232），字子建，沛国谯县（今安徽省亳州市）人。三国时期著名文学家，也是建安学派的主要代表人物之一。曹植是曹操的儿子，亦是魏文帝曹丕的弟弟，曹丕登基之后，封为陈王，死后谥号为"思"，也正因为这样，又称他为陈思王。他在文学上的造诣，使得后人将他和其父亲曹操，兄长曹丕统称为"三曹"。

### 人物风云

曹植，从小就天资过人，在他十多岁的时候，就能够诵读《诗经》《论语》及先秦两汉辞赋，诸子百家也曾广泛涉猎。说出来的话就是不一般的言论，下笔文思潮涌，是曹操最为宠爱的儿子。曾经，曹操认为他的几个儿子中，曹植可以委以重任，有好几次都想将他立为世子。但是曹植一向放荡不羁，不把礼节放在眼里，甚至还经常触犯法律，这让曹操非常的生气，而他的哥哥曹丕则是一个见风使舵的人，成了曹操几个儿子中最后的赢家。公元

217年，曹操立曹丕为世子。

公元220年，曹操因病去世，他的长子曹丕继承了王位，过了一段时间又称帝。而曹植的生活也因此而发生了改变。他原先是一个养尊处优，做事不羁的贵族王子，随着曹丕的继位，他的生活陷入难以自拔的苦闷。

公元226年，曹丕因病去世，曹丕的儿子曹叡继承王位，史称为魏明帝。而曹叡和他的父亲一样，对曹植多方防范，他的处境并没有太大的转变。曹植在他们父子俩当政期间，曾经有很多次被迁移封地，而他最后定居在了陈郡，于公元232年的12月27日，曹植在自己的封地中去世，谥号为思，所以被后人称为"陈王"或者是"陈思王"。

曹植生前所拥有的主要成就表现在诗歌方面。曹植诗歌的风格在前后两个时段有着很大的差异，就如同他的人生一样。曹植前期的诗风比较的活跃轻松，完全表现出来了作为贵族王子的他那种悠闲自在的生活，而他后期的诗风显得比较凄苦，反映了他在曹丕父子二人的压抑下，苦闷的生活。他后期的诗歌风格大部分抒发了在哥哥的压制下，心中烦闷和哀怨的心情，他不愿意就这样被抛弃，他希望能够为魏朝的发展贡献自己的一份力量。

而现如今，在我国幸存下来的保存的比较完整的诗歌总共有80多首。曹植对于我国的诗歌作出了很大的贡献，尤其是在五言诗上。第一，汉乐府时期的诗词都是以叙事为主，到了《古诗十九首》，诗歌中的抒情部分才慢慢占据了主要的地位。而曹植则是综合了叙事和抒情两种模式，赋予了诗歌更加生动的变化，既能够反映事物的复杂变化，也能够表现出作者的心理感受，把诗歌这种形式加入了丰富的艺术色彩。

而曹植也是建安学派的主要代表人物之一，他的作品对后世有着重大的影响很大。到了魏晋南北朝时期，曹植在文坛上的地位被推到了很高的一个位置，成为当时文人墨客作诗的典范。南朝著名的诗人谢灵运就曾经赞美曹植说："如果天下间的才能总共有一石（dàn），那么只曹植一人就能够独得八斗，而我自己也能够得一斗，而天下人则是共分一斗。"谢灵运给了曹植很高的评价。

曹植一生中总共娶了两位妻子，他的第一个妻子崔氏，出身于名门。她的叔叔崔琰曾经担任曹魏尚书一职，是曹操身边的宠臣，后来却是因为在言词上忤逆了曹操，被关入大牢，成为历史上公认的冤案，而有些后人也认为，曹操之所以除掉崔琰，也是为了给曹丕继承大权扫除障碍。过了没有多久，曹丕的妻子崔氏又被安上了"衣绣违制"的罪名，曹操下令将她遣送回家并且赐死。也有人说，曹操之所以针对崔氏女主要是因为她叔叔崔琰的缘故，也有可能是曹操在片面地对曹植进行打击。

而曹植的第二个妻子，史书上对于她的记载已经无法查证，只知道她在太和年间被册封为"陈妃"，这位陈妃陪着曹植走完了最后一程。根据史书记载说，曹植的第二个妻子一直活到了晋代时期，终年八十多岁。而曹植生前留下了两个儿子，大儿子名为曹苗，曾经被册封为高阳乡公，不幸的是，少年时期便死去。而二儿子名为曹志，也被册封为穆乡公，他完全继承了曹植的聪明才智，在他很小的时候就特别喜欢学习，才华出众。曹植则是赞扬他为曹家文学上的继承人。曹植去世以后，曹志继承了他的王位，称济北王。而魏朝后期，司马氏谋夺的皇位，将曹志贬为了鄄城县公，后来又任命他为乐平太守。于公元288年去世，谥号为定公。曹植一生中还留下了两个女儿，这可以在他的诗作中看到，但是他们的具体情况如何就不知道了。

公元210年，曹操在攻打邺城的时候，建造了一个铜雀台，于是他便召集了一些文人雅士，一起登上铜雀台，为它作赋，曹植也在其中。在所有人都冥思苦想的时候，只有曹植一人从容淡定，略微思考了一下，提笔就书，洋洋洒洒，一挥而就，他所写的文章就被命名为《登台赋》。曹操看完之后，心中对他这个儿子赞赏有加。而当时的曹植年仅19岁。

曹操因为比较看重人才，所以就想要打破"立长不立幼"的传统规矩，废除曹丕，改立曹植为王才好。所以说，曹操对于曹植的宠爱是其他几个子女想都不敢想的，甚至曾经多次向大臣们提起，表示要立曹植为自己的继承人。谁想到，曹操的这种想法，不但没有给曹植带来什么好运，而且在曹操死后，曹植的生活就一直处于水深火热之中，饱受着折磨。

曹植得到他父亲曹操的宠爱，想立曹植为王的想法也被曹丕知道，正是因为这样，曹丕一直对曹植有戒心，而且很是嫉妒。如果不是当初，朝中大臣们的极力反对，那么现在的魏文帝将不知是谁了，而这个时候曹丕和弟弟曹植的斗争正式拉开了帷幕。其实，曹植是一个生性放荡之人，不拘小节，对于地位并没有多大的兴趣。

记得有一回，曹操带着大军出征，曹植和曹丕前来为自己的父亲送行，临走的时候，曹植读了自己为曹操所做的诗章，令所有人都十分满意。再看曹丕，一副怅然若失的模样，而吴质则是对他说："在王的面前，哭也是可以的。"于是曹丕当着这么多人的面，哭得稀里哗啦，这把曹操感动的热泪盈眶。还有一次，曹操想带着曹植出征。而那个时候带兵出征就是象征着权力，也就明显地告诉大家，下一代的王位继承很可能就是这位了。结果，在大军出征的前一天，曹植喝得是叮咛大醉，曹操让人叫曹植的时候，一连催促了很多次，曹植还是躺在床上昏睡不醒，曹操很是愤怒，一气之下便不让曹植跟着带兵去前线了。从这里我们也可以看出，曹植也只能做一个文学家，一辈子潇潇洒洒，快活无比。

最后，诡计多端的曹丕继承了王位，最后还成就了帝位。说起刚成立魏国的时候，虽然说是曹丕的实力已经得到了基本巩固，但是嫉恨的念头在曹丕的心中从来都没有消失过。其实，曹植在世的时候，并没有犯下什么大的错误，只是经常会有人上书曹丕，说曹植经常喝酒耍酒疯，甚至还将曹丕的使者扣留起来，但是却并不是为了招兵买马，颠覆魏朝。按理说这根本就不能算是犯罪，但是曹丕却要将他除掉，于是便找个借口让曹植在七步的时候做出一首诗，否则就要将曹植杀掉。不过幸好，作诗可是曹植的拿手好戏，于是也就有了后来的七步诗，诗曰："煮豆持作羹，漉菽以为汁。萁在釜下燃，豆在釜中泣。本自同根生，相煎何太急？"能够在七步之内做出此诗，的确令人惊叹。而一句"本是同根生，相煎何太急"更是流传了千百年，可见曹植对后世的影响是多么大了。

这首"七步诗"就像是曹植的救命稻草一样，逃过了一命。这位伟大的文学家年少时期无忧无虑，后期却屡遭猜忌，可谓是命运多舛啊。

# 吴质：建安文风的"风骨"

### ▶ 人物名片

吴质（177—230），字季重，兖州济阳（今山东菏泽市定陶区），三国时期著名的文学家。任振威将军一职，被封为侯。刚开始的时候，因为文采出众而被曹丕所喜欢。而曹丕之所以能登上太子的位置，吴质更是功不可没。他和陈群、朱铄、司马懿是曹丕的"四友"。吴质这个人生性不羁，怙威肆行，死后，谥号为"丑侯"。他的儿子吴应曾几次上书为自己的父亲申辩，到了正元年间的时候，才将他的封号改为"威侯"。

### ▶ 人物风云

公元193年，曹操为了壮大自己的力量，广招天下异能之士，而吴质便这样来到了曹营。吴质是一个学识渊博之人，在军营中，也深受曹操父子的赏识，并且还和曹丕成了好朋友。

曹营中的很多大臣们都建议曹操立曹植为继承人。曹丕知道这个消息之后，内心比较焦急，便用车装满了大簏，里面藏着吴质，就这样二人偷偷在曹丕的府中共同商议对策。而杨修将这件事情告诉了曹操，但是也没有进一步的查证。经过这件事情，曹丕很是害怕，于是将自己心中的感受告诉给了吴质，吴质说道："这有什么可怕的呢？您明天继续以大簏装着布绢拉进宫以迷惑他们，而杨修知道后，还会向丞相告密，这个时候，丞相必定会派人查探，如果此事纯属诬告，那么受罪的可就不是你我了。"曹丕听从了吴质的计谋，果不其然，杨修又告诉了曹操，经查证，里面并没有人，而曹丕也就躲过了一劫。曹操亦憎恨杨修竟然污蔑他的儿子，从这时开始，曹操对杨修起了杀心。

其实曹操本就是一个多疑之人，他一直都在怀疑曹植有夺位之心，那么既然他的疑心放在了曹植的身上，就不会怀疑曹丕。不然的话，如果曹操想要查出曹丕，只凭一点小计谋就可以，怎么可能瞒得过曹操呢。

公元217年，曹丕被曹操立为太子，为了更好地巩固自己的太子地位，曹丕经常找吴质商讨对策。有一次，曹操要带兵出征，曹丕和曹植两位兄弟前来送行。曹植张口便将曹操的丰功伟绩夸赞了一番，如果比文采的话，那么曹丕绝对不是对手，一副很伤心的样子。而吴质则是偷偷地对曹丕说道："你在于自己的父亲告别，不用说过多的话语，只管哭出来就对了。"曹丕听了吴质的建议之后，放声痛哭，哭得那叫一个惨烈。把曹操和他左右的将士们感动得稀里哗啦。于是所有的人又都认为曹植只会一些华而不实之物，根本就比不上曹丕的一片孝心。再加上，日常的时候曹丕就是一个善于隐忍之人，说话做事也都是经过深思熟虑的，而曹植则是相反，不把任何事物放在心上，仗着曹操对他的宠爱任意妄为，这也让很多人对他产生了不满，这样一来，曹操想要立曹植的念头彻底打消了。

公元220年，曹操死后，曹丕登基做了皇帝。曹丕登基做的第一件事情就是派人将吴质接到了洛阳，让他做了中郎将一职，还给他封了侯爵，让他掌管幽州、并州以及其他一些州的军事事务。

公元226年，曹丕去世，吴质为了祭奠自己的好友，还为曹丕做了一首诗。

公元230年，曹叡将吴质重新召回朝中，做了侍中的职位，成为辅佐大臣，吴质给魏明帝曹叡提出了一些安定国家的计策，说："司空大臣陈群只是一个很平凡的人物，并没有国相的才能；而骠骑将军司马懿是一个忠心耿耿、勇猛机智的人，这才称得上是国家的脊梁。"曹叡听取了吴质的建议，他的这一提议对魏朝后期的发展起了很重要的影响。

吴质平时的时候，喜欢和一些权贵之人交往，而对于乡里的百姓从来不予往来，所以吴质在家乡的名声并不好。吴质做官之后，又凭借着曹氏父子对自己的宠信，作威作福，这让很多人对他更加反感。

公元230年的夏天，吴质因病去世之后，谥号为"丑侯"。他的儿子吴应曾几次上书为自己的父亲申辩，到了正元年间的时候，才将他的封号改为"威侯"。

吴质生前和"建安七子"交往密切，他的诗文风格表现了"建安文学"

的风骨。只不过，吴质的诗作保存下来的很少，能够查证到的也只有答曹丕书两篇，答曹植书一篇，收录在《昭明文选》里。还有《思慕诗》一首，存《三国志》本传注中。

## 嵇康：竹林七贤的精神领袖

> 人物名片

嵇康（224—263），字叔夜，谯国铚县（今安徽省濉溪县）人。三国时期著名的思想家、音乐家和文学家，"竹林七贤"之一。嵇康的妻子是曹操的曾孙女，在世时任职为中散大夫，所以人们也将他称为"嵇中散"。后来因为得罪了钟会，被诬陷，最后死在了司马昭的手上。

> 人物风云

嵇康很小的时候就失去了父亲，是由母亲和兄长抚养成人。幼年的嵇康天资聪慧，看过很多的书籍，对各种技艺也都比较精通。嵇康长大之后，喜欢道家学说，身高有七尺八寸，容貌俊美，举止优雅，但是却不注重自己的外在形象。后来，嵇康娶了曹操的曾孙女长乐亭主为妻，膝下有一儿一女。

嵇康生性比较狂放，崇尚自由，自身也十分的懒散，有史书上记载，嵇康经常十几天都不洗头发，不洗澡。嵇康长大之后，他喜欢上了道家的学说，从这以后，嵇康变得更加放纵，也日益的颓废下去。在慵懒和自由中造就了嵇康不羁的性格。

嵇康年轻的时候比较傲慢，从来不将礼法看在眼里。而同为"竹林七贤"之一的向秀曾经这么描述过嵇康："我和嵇康、吕安二人，来往的比较亲密，性情也比较符合。嵇康虽然有很高的才能。但是比较懒散，不喜欢约束，而吕安则志向远大，为人豪放。"当时钟会诬陷吕安的时候，给他扣上的罪名便是说话没有限度，有损于当时的礼节。

嵇康还比较善于音律，他的代表作有《风入松》；还有嵇氏四弄：《长清》《短清》《长侧》《短侧》和东汉时期的文学家蔡邕的"五弄"合称为"九弄"。隋炀帝在位时，曾经将"九弄"音律作为招纳贤臣的条件。嵇康不仅通音律，还会书法，精绘画，可以说是一个文学天才。

嵇康成年的时候，比较尊崇道家的思想，他沿袭了道家宁静淡泊的意识，生活于山水之间，练就豁达的襟怀，领悟奥妙的哲思，把自己的感情赋予在大自然的身上，开创了寄情于山水，舒畅安宁的心灵世界。嵇康喜欢游走于山水之间，融于大自然，在嵇康的一生中，他和大自然之间早就结下了不解之缘。

在《广陵散》记录着这么一个故事：嵇康曾经到了洛西一带游玩，到了晚上的时候在华阳亭住下。当时，皓月当头，清风徐徐，嵇康看到此景，不禁有感而发，便在自己所住的院子中畅弹一曲。一曲未罢，从外面走进来一个古人装扮的客人，过来和嵇康探讨音律。二人颇为投机，聊得也比较尽兴，这个客人对于音律方面很是精通，分析得也比较深刻，这让嵇康惊叹的同时对他也有些钦佩。客人说到兴起的地方，竟然拿过嵇康的琴就弹奏起来，从这位客人指尖流出的曲子，刚劲有力，入人心扉，越往下听越让人感到慷慨激昂。一首曲子完毕之后，这位客人还将曲谱给了嵇康，这首曲子的名字叫做《广陵散》，主要讲述的是当初聂政为了给自己的父亲报仇，而将韩王刺杀之后，拔剑自刎的感人故事。嵇康听了这个故事之后，再重听这首曲子，只觉得感动涌上心头，天下间再也没有能够超越这首曲子的了，于是就想请教这位客人。而这位客人也没有拒绝，不厌其烦地一遍一遍地教给嵇康。等到嵇康全部学会之后，客人还要求嵇康要永远保守这个秘密，不能够告诉任何人。嵇康再三保证之后，客人便头也不回地走了，甚至连姓名都没有留下。等嵇康将《广陵散》学精之后，便时常弹奏它，也因此引来了很多人向嵇康求教。

钟会出身于名门，是著名的书法家钟繇的儿子，钟会很小的时候就比较聪敏，颇有才气，钟会十九岁的时候就已经入朝为官了，任秘书郎一职，过了三年之后又高升，成了尚书郎，在钟会二十九岁的时候，就已经是关内侯了，可以说是一个少年得志的人物。但是在嵇康这里，并不喜欢和他往来。而钟会对于比他大两岁的嵇康比较钦佩。

在《世说新语》中也讲述了关于嵇康和钟会的故事：钟会在编著完《四本论》的时候，想着能够当面向嵇康请教，但是又害怕嵇康根本看不上他，心中很是着急，甚至是已经到了嵇康的家门外，也没有进去，只是在门外观看了一会，竟然转身就走了。后来钟会做了高官之后，再一次的拜访嵇康，嵇康对于钟会的到来并不理会，仍然继续在自己门口的大树下炼铁，就好像旁边没有人一样。钟会自讨没趣，所以就想转身离开。这个时候，嵇康终于开口说话了，他询问钟会道："你听说了什么要来我这里，而又见了什么想要离去呢？"钟会则回答道："听说了所听到的才想要来访，看到了眼前所看到的，才想要离去。"从这之后，钟会对于嵇康是已经有所记恨了。

当时，司马昭曾经想要嵇康归顺在他的门下，但是嵇康比较偏于皇室那边，所以说对司马氏的意思并没有采纳，嵇康的人生中又多出了想置他于死地的人。

嵇康很喜欢大自然，打铁也成了他一个很特殊的爱好，不喜欢被世俗的礼节所拘束，而且嵇康这个人比较重情谊。在嵇康家的后院里，有一棵长得比较繁茂的柳树，而柳树的下面就是嵇康打铁的地方，他在旁边建造了一个很小的游泳池，将上好的泉水引进来，等到打铁打累了，他就会去游泳池里面待一会儿。看见他的人，都称赞他是举止潇洒，俊朗清爽。嵇康用打铁的方式向世人宣告着自己的豪放不羁，自己的不谙世俗，这是嵇康的精神层面。

嵇康比较崇尚道家学说，他曾经说过这么一句话"老庄，是我的老师也！"，道家所讲究的是美食、养生之道。提倡人的本性应该回归于自然，他还编著了一本《养生论》，来表明自己的养生观点。他对于一些隐居于山林的高人有很高的赞美，对于超脱于世俗的生活方式也极其向往，不喜欢做官。"竹林七贤"之一的山涛曾经举荐他为官，他还写了《与山巨源绝交书》，把自己所有的缺点和原则一一列举出来，表达出自己坚决不入仕途的决心。

嵇康在文学上的成就主要体现在诗歌和散文上。现如今，我国保存下来的嵇康诗作总共有五十多首，其中以四言律诗为主。

嵇康很好的发扬了道家的养生思想，在他的实践过程中也深有体会，他所编著的《养生论》也是我国在养生学史上第一部比较全面的，比较系统的养生学著论。后来我国的养生大家孙思邈等人对于嵇康所提倡的养生思想都有着很高的评价。

吕安的妻子长得十分的漂亮，但是却被吕安的哥哥吕巽迷奸，吕安一怒之下想要将吕巽送官究办。而吕安兄弟俩和嵇康都有所往来，所以嵇康便劝阻吕安不能将这件事情揭发出去，免得毁了整个吕家的清誉。但是吕安的哥哥吕巽却是害怕吕安会对他进行报复，于是先下手为强，反而告了吕安不孝的罪名，于是吕安被逮捕入狱。嵇康听闻此事之后，非常的生气，于是出来给吕安作证，也因此惹恼了大将军司马昭。这个时候，和嵇康有着私人恩怨的钟会也插进来一脚，趁着这个机会来说服司马昭，最后吕安和嵇康都被判了死刑。

嵇康在上刑场之前，有三千多名太学生一起联名上书，请求司马昭可以赦免嵇康，并且能够让嵇康到太学授课，但是都被司马昭给拒绝了。在行刑的时候，嵇康看着天上的日头，弹奏了一曲《广陵散》，弹奏完毕之后，感叹道"广陵散今天已经走到了尽头啊"，随后便从容赴死，终年只有四十岁。

他的儿子嵇绍，后来成为晋朝的侍中，在八王之乱中，为了保护晋惠帝不幸身亡。

## 山涛：身心已逐竹林游

> 人物名片

山涛（205—283），字巨源，河内怀县（今河南武陟西）人，"竹林七贤"之一。山涛很小就失去父亲，家中贫困。喜好读《老子》《庄子》。山涛当时想要推荐嵇康入朝为官，没想到嵇康竟然写信和他绝交。山涛四十岁的时候，官位郡主簿。当时，司马懿和曹爽二人抢夺政权，山涛不愿意参与其中，于是便将自己当作是一个隐形人，不过问事务。司马懿掌握政权之后，山涛便把赌注押在了他的身上，最后山涛被司马懿举荐为秀才。山涛曾经还以生病为借口，想要辞官回乡，都没有被恩准。后来拜见了司徒，才得以辞官，回到了自己的家乡。

### 人物风云

山涛是晋代的吏部尚书，也是"竹林七贤"之一。山涛一生虽然是高官厚禄，荣华富贵，但是他却谨慎节俭，将自己的俸禄薪水，除了家用之外，其余的全部都救急于相邻。

在竹林七贤中，山涛的年龄是最大的，而官职也是最高的。山涛和自己的妻子韩氏，一直以来相互扶持依靠，有着很深厚的感情。山涛没有做官的时候，家境是一贫如洗。但是他的妻子韩氏却从未有过一丝的埋怨，她在身后默默地帮助山涛搭理一切，尽可能地减轻山涛的负担，在日常生活中，很多的重活都需要这个坚强的女人来承担。有一回，山涛看着疲惫不堪的妻子，心中疼惜，他说道："娘子，我们虽然现在比较贫穷，但这只是暂时的，以后我一定会升官发财，到时候你可要做好夫人这个位置啊！"山涛的这番话，调皮中带着温暖，他就是这样一个有着远大抱负，而且又懂得生活情调的男人，怎么可能不令人喜爱呢。

有一次，山涛的好朋友嵇康和阮籍前来造访，韩氏对于这两位的大名早就听说了，于是就说服自己的丈夫将这两个人留在家里住上一夜，而且还给他们备了上好的酒菜。晚上的时候，韩氏还在自己家的墙上挖个洞听他们二人谈话，这一听便是一夜，直到天亮了才返回自己的屋子。就为了见这两个帅哥，韩氏竟然可以毁坏自己家的房屋，从这里可以看出，韩氏一定是这二人的忠实粉丝。嵇康和阮籍都是知识渊博之人，他们的兴趣相投，是不可多得的知己，谈笑间风雅毕露，也难怪韩氏对他们如此着迷。

后来，山涛问自己的妻子，对于嵇康二人的看法，而韩氏也是一个心直口快之人，她很坦然地对丈夫说："按照你的才华和情趣是无法和他们相比的，你的见识和气度和他们相比，还差不多。"山涛听自己的妻子对他们二人的评价这么高，心中难免会吃醋，但是听到随后的那句话时，心中总算是好受了一点，接口说道："对啊，这是大家公认的啊！不仅你这么认为，他们也是一样！"这么说来，韩氏看人的眼光还是比较准的。

通过韩氏的一番话，也能够看出在韩氏的心中，第一重要的便是他的才华和情趣，而外表则是次要的。对于嵇康和阮籍两位帅哥的评价中，丝毫没有提起一点关于他们长相的事情，这里也能够看得出来。

曾经，嵇康给山涛写绝交信，但是曾经的挚友真的会因为这点小事而绝交吗，当然不是，嵇康洋洋洒洒地写了一大篇并不是给山涛看的，而是做给司马昭看。当时司马昭和嵇康有过节，司马昭也一直想着能够将他除之而后快，如果山涛这么做的话，无非是惹祸上身。名为绝交信，实为真正友谊是也。

而且嵇康在受刑之前，还对自己的儿女说"山涛还在，你们并不是孤儿啊。"这一句话就能够看出嵇康和山涛二人的友谊是多么的坚固和牢靠。嵇康死后，山涛便将他的儿女们看做是自己的孩子，儿子让他做了官，女儿给了她一场风光无限的婚礼。

魏晋时期，社会局势动荡不安，朝臣上下贪赃成风、上级压榨下级，下级贿赂上级等，这种显现已经比比皆是。但是山涛在为官期间，并不与他们同流合污，一个人独善其身，洁身自好。据说，当时有一个陈郡人名为袁毅，当时是鬲县的县令，他给山涛送来了一百斤蚕丝，山涛不愿意让自己的清廉表现得过于明显，于是就将这一百斤蚕丝收下，然后将其藏在了自家的阁楼上。后来袁毅的这一恶性败露，那么对于他以前贿赂过的人彻查，只要和这起贪污案件有关的人员，都受到了牵连。山涛也将袁毅送给自己的一百斤蚕丝从阁楼上拿下来，上缴给了官府，百斤蚕丝上面早就布满了上灰尘。而且上面的印封还是像刚送来的时候一样。山涛位居高官，但是他却淡泊名利，每一次晋武帝赏赐山涛的时候，给的财物并不是很多，谢安对这件事情很是不解，于是就问自己家中的晚辈，谢玄则是回道："或许是山涛本身不想要这么多，自然也就赏赐的少了些。"在那个贪污成风的时代，山涛能够做到这一点，真是是难能可贵啊。

山涛也是一个敢言之辈，从来不会畏惧权势而不敢进言。在咸熙初年的时候，山涛升任为相国左长吏。当时山涛已经有了很高的名声，所以晋王便派了太子亲自前来拜访。

司马昭还将自己的小儿子司马攸过继给了司马师，这也体现了对司马攸的看重，司马昭曾经对裴秀说："大将军现在刚刚开创基业还没有结束，我也只是紧紧跟在他的后面罢了，所以打算立司马攸为晋王，将来把所有的功劳都算在我的哥哥身上，你看这样做怎么样呢？"裴秀认为这样做有失妥当。于是司马昭又去询问山涛，山涛说："将长子废除而立幼子，不合祖宗的礼制，不是吉祥的征兆。而这件事情牵涉到国家的安危，所以必须要按照古制来进行才是。"总算将太子的位置确保下来。后来晋王派遣太子亲自去登门拜访山涛。

羊祜在执掌政权的时候，有人想要置裴秀于死地，而山涛则是保全了他。这么一来，使得朝中的权们心中都不满意，于是便将山涛流放到了冀州，做了冀州刺史一职。晋武帝司马炎希望能够停止武力防备，而是以教化育人，所以便要召集朝中的所有大臣们在宣武场上听他讲述军事的事情。对于晋武帝的这种做法，山涛并不赞同，于是就和各个尚书探讨孙武、吴起用兵之道，并且还做了进一步的研究，所有人听了之后都称赞不已，都说："山涛先生所言极是。"到了后来，王宫贵族的公子们都恃宠而骄，为所欲为，给国家带来了很大的麻烦。各个地方的强盗也都聚集在一起，而这些郡国根本就没有可用的武器，所以对这些盗贼也是无可奈何，致使盗贼的力量一天天的壮大，所有的一切都和山涛预想的一样。

时间一天天地流逝，山涛的官职也是越来越高，权力也是越来越大，但是山涛为官期间，一直都是洁身自好、清正廉明之人，曾经有很多次，他都以人老多病辞官回乡，怎知皇上不批准，随后又给他升了官职，为司徒。公元281年，山涛已经有七十七岁的高龄了，最终在他反复的请辞下，晋武帝才应允了他的要求，让他回家养老。两年之后，山涛安详地离开了人世，终年七十九岁。

作为竹林七贤之一的王戎对山涛有着很高的评价："山涛就像是一块没有经过任何雕琢的玉石，没有将里面的矿石提炼出来，人们虽然都知道他是一块稀世之物，却也根本不能估测出它真正的价值。"

　　在当今社会中，人们对山涛的评价褒贬不一，褒的是他为官清廉，贬的是因为他生前所依靠的竟然是司马氏。事实上，将山涛的一生总结起来说，他一生所追求的自我价值，都要比那些沉醉于山林的高雅文士多得多。

# 奇人异士——医卜星相出奇人

## 左慈：精通奇门遁甲的"雅帝"

### 人物名片

左慈（156—289），字元放，庐江（今安徽庐江西南）人，东汉末年著名方士，在道教的历史上，东汉时期的丹鼎派道术是从他一脉相传。

### 人物风云

左慈，从小居住在天柱山附近地区，一生修道炼丹。据相关的史料记载，他于156年出生，卒于289年，寿命高达一百三十四岁，经过六七十年的苦心修炼，最后成仙。

左慈精通五经，对于占星术也精通，从星象的变化中，左慈感应到汉朝的气数将尽，国运衰落，天下将要发生变乱，就有感而发："在这乱世之中，如果哪一个官居高位就会更加难保自身，而那些钱财多的人也就更容易死了。因此，世间的一切富贵荣华绝对不可以贪图啊！"也正是基于这一点，左慈开始了自己的学道生涯，后来，他对于"奇门遁甲"非常精通，相传他可以驱使鬼神，只是静静地坐着就可以在瞬间变出美味佳肴。左慈常年居住在天柱山上，精修自己的道术，他偶然间在一个石洞里发现了一部《九丹金液经》，左慈如获至宝，于是潜心研究，希望有一天可以修炼成仙，于是在这本书的帮助之下，左慈学会了让自己变化万千的法术，法术多的记都记不住了。

三国时期，魏国的曹操听说左慈的事迹之后，不相信天下竟然会有这样的奇人异事，于是即刻召见左慈，找来之后将其关在一个漆黑的石屋里面，派人看护，下令不许给他饭吃，不许给他水喝，就这样过了一年才把他放出来，曹操见到左慈惊呆了，他依旧是原来的样子。曹操觉得世界上的人根本就没有不吃饭不喝水的道理，然而左慈竟可以一年不吃不喝，还安然无恙，他一定会使用什么妖邪的旁门左道之类，于是下令立即将他杀掉。曹操的杀心一起，左慈便感应到了，于是便向曹操请求，希望可以放他一条老命，准许他回家。曹操心有疑虑，便说："为什么这样急着走呢？"左慈不假思索地说道："你要除掉我了，我怎么可以坐以待毙，因此我求你，希望你可以放我走。"曹操连忙说："哪里的话，我怎么可能会杀你呢。既然你的志向高洁，我就不勉强留你了。"

即日，曹操为左慈举行了隆重的酒宴，为他饯行，左慈说："我就要远行了，所以我希望可以和您分杯喝酒。"曹操欣然同意。那一天的天气十分寒冷，酒正在火上浸着，左慈迅速拔下自己头顶上的道簪将酒搅匀，顷刻之间道簪已经完全溶解在了酒里，就好像磨墨的时候墨水溶入水中一样。开始，曹操见到左慈请求和自己喝"分杯酒"，本以为会是自己先喝一半之后再递给左慈喝下自己剩下的半杯酒，却没有想到左慈会来这样一招，先用道簪将自己的酒分成两半，两半里面都有酒，而且相隔好几寸之远。左慈率先喝下了一半酒，然后将另一半杯子递给了曹操。顿时之间，曹操心中甚为不快，没有立刻将酒喝下，左慈见状，就向曹操把另一半酒杯要了过来一饮而尽。喝完之后将杯子朝着房梁一扔，杯子便在房梁上空旋转摇动，形状就如同一只小鸟向地上俯冲，欲落非落，这一幕惊呆了宴席上的所有客人，他们个个张大了嘴巴抬头看着酒杯，过了好半天那个杯子才落下来，但此时左慈也消失不见了。曹操立即派人前去打听，才知道左慈早就回到了自己的处所，这样一来曹操想要杀掉左慈的欲火越来越强了，因为曹操想要试一试左慈可不可以逃过一死。于是，曹操派人逮捕左慈，左慈吓得钻进了羊群之中，追捕人员分不清哪一个是左慈，于是就清点羊的数目，果然多了一只，于是便知晓了是左慈变成了羊的模样。追捕人员便将这件事告诉了曹操，曹操下令将左慈带到自己的面前，于是，逮捕之人便将曹操的意思传达给左慈，说曹操只是想见左慈，希望左慈不要担惊受怕。这时候，一只大羊大摇大摆地走上前，双腿跪下说："你们瞧一瞧我是不是啊？"追捕的人连忙说道："这个跪着的羊不就是左慈了吗！"于是便想要把这只羊抓走。但是这时候所有的羊全部跪下说："你们瞧一瞧我们到底是不是呢？"追捕的人见到这种情况，一时间也搞不清楚到底哪一只羊才是真正的左慈了，只能作罢。后来，有人知道了左慈的去处，于是秘密告诉了曹操，曹操得知立即派人去抓，不费吹灰之力，一抓就抓到了。

其实，并非左慈可以隐遁脱逃，只是故意想要给曹操表演一次他的变化之术。于是，左慈叫逮捕自己的人将自己五花大绑的投入监狱。典狱官本想要严刑拷打左慈，但是却惊奇地发现屋子里面有一个左慈，屋子外面也有一个左慈，到底哪一个才是真正的左慈，这可把典狱官难住了。于是将这件事报告了曹操，曹操知道之后更加憎恨左慈，下令将左慈绑缚刑场杀掉。哪里知道左慈竟然在众目睽睽之下，在刑场突然消失了。曹操立即下令紧闭城门，在全城布下天罗地网，进行大规模的搜捕。有一些搜捕者说不知道左慈长什么样子，官员便说左慈的一只眼睛是瞎的，穿着一件青色的葛布衣，头上扎着一条葛布头巾，只要是见到这样穿着打扮的人就抓起来。哪里知道一会儿工夫，全城的百姓全都变成了瞎一只眼睛，穿着青葛布衣，头上扎着葛巾的人，到底哪一个才是真正的左慈，谁也没法分辨。这一下可把曹操惹恼了，命令扩大搜捕范围，一旦抓住左慈就立即杀掉。后来有人见到了左慈，于是便杀了他，将尸体运到曹操的面前，曹操见后大喜，一看才知竟然是一捆茅草，立即派人来到了杀左慈的地方寻找尸体，谁知尸体早就已经找不到了。

之后，有人在荆州一带见到了左慈，当时的荆州刺史刘表也将左慈看成妖物，觉得他是一个惑乱人心的臭道士，于是派出大量的人马逮捕左慈，而且还说只要抓住便立即处死。刘表带着自己的大队人马出来炫耀，左慈明白刘表的心思，他只不过就是想看一看自己有什么道术，于是不慌不忙地走到刘表的跟前，说："我准备了一些微薄的礼物想要献给你的士兵，全当做自己的一点心意。"刘表大笑说："就你这样一个道士，我的人马如此之多，你犒劳得过来吗？"于是，左慈又重申了一遍，刘表就派了几个人看一看到底是什么礼物，到了才知道原来只是一斗酒与一小扎肉干，但是没有想到的是，去了十个人还是不能够抬动。左慈就将干肉一块块拿来，把肉一片片地削落在地上，请一百个人拿着酒水和干肉依次分发给在场的每一位士兵。每一个士兵都可以分到三杯酒和一片肉干。肉干的味道和平常吃的不太一样，一万多士兵都吃饱喝足，但是酒器里面的酒却一点也没有少，肉干也还有剩余，一千多宾客全部都喝得大醉。刘表见状倍感吃惊，即刻打消了杀害左慈的念头。几天之后，左慈离开刘表又开始了自己一个人的旅行。左慈经过东吴的丹徒县，听当地的百姓说丹徒境内有一个道术非常深的道士名叫徐堕，于是便登门拜访。只见徐堕的门前候着六七个宾客，而且还停着六七辆牛车。宾客欺骗左慈说这时候徐堕并不在家中。左慈深知宾客欺骗他，于是便先行告辞了。左慈求见了吴国的君王孙策，孙策同样想要杀掉左慈。孙策乘着左慈不备从背后给了他一刀，但是左慈却安然无恙。左慈脚上穿着木鞋，手上握着竹杖慢慢地走，孙策手持兵器紧追其后，但是怎么追也追不上，这才知晓左慈是一个道术高深的人，于是便不敢再杀他了。

后来左慈通知葛仙公说自己要进入霍山炼丹，最后终于成仙归去。

## 管辂：卜卦观相的祖师

人物名片

管辂（209—256），字公明，平原郡平原县（今山东省平原县）人。三国时期魏国的著名术士。在管辂八九岁时，就喜欢仰观星辰。长大成人之后，精通《周易》，擅长卜筮、相术，学习鸟语，每一句都可以猜中，简直神奇极了。管辂的体形宽大，喜欢以德报怨。正元初期，担任少府丞一职。管辂被后人奉为卜卦观相的鼻祖，纵观管辂的一生，著述甚丰，有《周易通灵诀》2卷、《周易通灵要诀》1卷、《破躁经》1卷、《占箕》1卷。

## 人物风云

管辂为三国时期有名的术士，其相貌粗丑，对于礼仪这方面极其不讲究，而且嗜酒成性，情绪反复无常，言谈更是语无伦次，因此，人人皆爱之却又不敬之。管辂自幼喜欢仰视星辰，观看星象，每次和小朋友做游戏，就会蹲在地上画天文，邻里街坊都说管辂是一个奇才。成人之后，管辂精通周易、风水堪舆和占相之术，远近闻名。

管辂自幼聪明伶俐，乖巧懂事，才思异常敏捷，非常人能及，而且尤其喜欢天文。在管辂十五岁的时候，就已经熟读《周易》，通晓占卜之术，凭借自己的努力，在周边渐渐有了一点小名气。这件事被当时担任吏部尚书的何晏和侍中尚书邓飏知道了，于是便想要把管辂抓来。这一天，正是农历的十二月二十八日，这两个昏庸的大官酒足饭饱之后，觉得非常无聊，于是想要找一点乐子玩玩，便派人将管辂找来为他们占卜。对于二人，管辂早有耳闻，知道二人是曹操的侄孙曹爽最为信任的人，而且对他们宠幸有加，平日里，这二人依仗权势，为非作歹，烧杀抢掠，无恶不作，百姓已经恨透了他们，这二人的名声极为不好。经过再三考虑，还是决定去一次，因为管辂想要借这个机会好好教训他们一顿，灭一灭他们的威风。

何晏见到管辂的第一眼，便大声喝道："我听说你的占卜之术非常灵验，赶紧替我占上一挂，看我有没有机会再一次升官发财。算得好的话，我重重有赏。另外，这几天晚上总做梦，而且经常梦到苍蝇站在自己的鼻子上，亲吻自己，这又是什么预兆啊？"管辂沉思了一会，说道："从前，周公为人忠厚正直，一心辅助周成王打下江山，建立霸业，最终国泰民安，而现在您的官职比周公高出许多，可是对你心存感恩的人却非常少，对你心生恐惧的人却非常多，这恐怕不是什么好的预兆啊。依据你做的梦的情景来卜术，也同样表明这是一个凶相啊！"管辂顿了一下，接着说："如果想要逢凶化吉，消除灾难，就只有一个办法。"何晏忙问："是什么办法啊？"管辂在心里偷笑，于是说："那就只能委屈您，多做一些善事，多多效仿周公等人，发善心，做善事。"邓飏在一旁听后，不以为然，一直频频摇头："什么鬼话，这都是一些老生常谈的腔调，没有什么意思吗。"此时只见何晏的脸色铁青，一语不发。管辂见状，不禁哈哈一笑："虽然说是老生常谈的话没错，但是也不可以加以轻视啊！"

没过多久，春节到了，有人说何晏、邓飏联合曹爽一同谋反失败，不幸招致诛杀。管辂听到这个消息之后，连声说："虽是老生常谈，但是他们却置之不理，难怪竟会有如此下场啊！"管辂通晓天文、精读周易，预知命理的事情被曹操得知了，便将管辂召去帮助自己占卜，其中对于蜀国攻势、鲁肃病死、许昌火灾、夏侯渊战死等事情的占卜都一一实现了。

管辂通晓卜卦，主要是经过观察自然的种种现象，来推测事物的变化。一开始，有一位妇女不幸走丢了一头牛，于是请管辂帮忙卜算一下牛的去向。管辂说："你立即到东边的山丘上去看一看，你家所丢的那一头牛就在那里悬空躺着呢。"妇女急忙赶到那里一看，果然如管辂所说，牛正在坟坑内躺着。而这位丢牛的妇女不知恩图报，反而怀疑是管辂偷了自己家的牛，向官府告状。官府即刻派人前来察验，才得知是他用卜卦推算的。还有一次，洛中一个人的妻子走丢了。管辂便让他和一个挑猪人在东阳门外相互打斗，猪从挑猪人的箩筐里面冲撞出来，跑到了一家人的院子里，不幸撞坏了别人家的院墙，这时候，从屋子里面走出来一位女子，而这位女子正是问卜之人的妻子。在管辂家乡的一户人家中连续不断地失火。于是派人将管辂找来为他们卜算。管辂说："如果你们碰到一位头戴角巾的男人骑着黑牛从东边走来，请你们务必将他留下，居住在此。"果然不出管辂的所料，没过多久，真的有这样一位穿着的男人来到了此地。于是问卜之人便将他留在家中住下，其实这个男人是推辞的，因为还要急着上路，但是问卜之人就是不肯放他走，盛情难却，只好住下了。天黑之后，全家人集聚在门外，不进屋睡觉。而这位男人担心这家人会谋害自己,便手中持刀在里屋,靠着柴堆打了一个盹。突然见到一个东西,从口里往外面喷火,于是这个男人在惊恐之下赶忙拔出自己的刀将它砍死了,上前一看,原来是一只狐狸在作怪。从此之后,这家人就再也没有发生过火灾。还有一次,有一个人猎杀一头鹿,不幸的是自己的猎物被人给偷走了,于是赶忙到管辂那推算。管辂对他说:"东街的第三家,等到他家里面没有人时,你就掘开他们家屋顶的第七根椽子,然后将瓦片端放在椽子的下面。等到明天吃饭时,自然会有人将鹿双手奉还于你的。"这一天晚上偷鹿人的父亲忽然头痛欲裂,于是便到管辂这来进行占卜。管辂叫这家人把偷来的鹿归还,他父亲的头痛病便立时痊愈了。管辂真的是太神奇了!

## 华佗:擅长手术的"外科鼻祖"

### 人物名片

华佗(145—208),字元化,一名旉,沛国谯县(今安徽省亳州市)人,东汉末年著名医学家。华佗与董奉、张仲景并称为"建安三神医"。

### 人物风云

华佗从小就同其他的小朋友不一样,不管是才智还是为人方面都比别人略胜一筹。华佗七岁的时候拜一位姓蔡的医生做他的老师,因为蔡医生的医术高明,想要拜他为师的人不计其数。但是蔡医生只想找一个智力超强、极具慧根的孩子为徒,于是他就对那些前来学医的孩子进行了一场小测验,见到华佗的时候,他让华佗采下桑树最高枝条上的叶子,前提是既能不用梯子,也不用爬上去。这该怎么办呢?正当众人一筹莫展的时候,小华佗灵机一动,找来了一根绳子,然后在绳子上绑上一块小石头,使劲抛向最高的枝条,绑着石头的绳子紧紧地套在了那个枝条上,他用劲一拽绳子,那根树枝被压下来了，一伸手就把桑叶采了下来。碰巧院子里有两只山羊正在打架，不管人们怎么拉扯就是分不来，蔡医生便让华佗前去劝架，华佗顺手从地上捡起了一撮绿油油的嫩草，扔给两只正在打架的山羊，这时候的山羊已经筋疲力尽，又饿又渴，完全顾不得打架，匆匆地跑去吃草了。见状，蔡医生笑了，他见小华佗聪明伶俐，甚是喜欢，就收他做了徒弟。此后，华佗一边跟着师傅做临床实践工作，吸收了许多经验，认真研究《神农本草经》《难经》等医学方面的巨著，钻研医理，最后，终于成了一位"神医"。

华佗堪称我国医学史上的外科"鼻祖"。对于外科、人体解剖知识等都了如指掌，不仅如此，他还谙熟人体的骨骼、血脉、内脏器官的大小、位置、容量及其生理功能等。这些成果与他多年来的努力以及先天的慧根是分不开的。毫无疑问，华佗是一位出色的外科专家。

华佗在给病人进行外科手术的过程中，亲眼目睹病患在接受治疗时所承受的巨大痛苦。为了减轻病患的痛苦，他苦心钻研，希望可以解决手术过程中的麻醉问题，他开始认真总结和探究古人的经验。《神农本草经》中有记载说："莨菪子……多食可以使人神志不清，甚至发狂"。华佗反复研究相关的医书，慢慢地发现原来中药也可以起到麻醉的作用。经过反复的临床实践，华佗发明了一种麻醉剂，这种麻醉剂主要以曼陀罗为原料，叫"麻沸散"。

后来，华佗仔细观察人在喝醉酒以后慢慢进入沉睡时的状态，逐渐了解到酒具有活血舒筋的疗效，所以采用了用酒泡"麻沸散"的服药法，从而达到使全身麻醉的目的。华佗运用全身麻醉法进行外科手术治疗的方法，不仅是中国医学史上的首创，而且在世界的外科手术史上也是首屈一指的。

华佗提倡"治未病"的预防思想，他反对单纯的医药治疗，而是提倡多锻炼，强身健体，增加免疫力，以达到防治疾病的效果。

华佗总结"熊经"、"鸟伸"等具体的操练姿态，精心研究前人的体育保健疗法，并创造了"五禽戏"体操。

"五禽戏"主要以肢体各关节的运动，再结合呼吸运动和推拿，这是一种将运动与医学疗法相结合的保健运动。

经过六年的坚持和精心研究，华佗已将"五禽戏"疗法的精髓吸收，自己受益匪浅。医者自医的道理大家都懂，华佗虽然年过半百却依旧容光红润，精力充沛，体质优良。

华佗的弟子们也遵从他的嘱咐，学习"五禽戏"，且坚持每天做练习，个个身体强壮。

不仅如此，华佗还对发痄、虚脱、呼吸困难、神志不清等病症，曾有过记述。这些重要记述作为诊病预防的重要依据，直到今天，它的价值都不容小视此外，华佗还开创了望、闻、问、切的确诊方法，这种疗法要求对症下药，因病而异，疗效显著。直至今日，望、闻、问、切的疗法依然被人们所推崇。

华佗治病手段千奇百怪，他最擅长的是用汤药、针灸、水疗、放血、刮痧等方法，这些技术也被世人继承下来。华佗的针法高明，技艺也相当纯熟，而且善于创新，经过反复临床实践，反复斟酌挑选最有效的穴位针刺，最后将其用到病患的身上，虽然扎针不多，却可以让病人收到良好的效果。

华佗还经常拜师学医，为了掌握药的性能和药力，经常独自一人上山采药，冒险试药。然后确定方剂、定药量。经过长时间的医疗实践，华佗细心观察和搜集在民间流传的许多宝贵的医学方面的经验和方剂，许多妙方都是从民间获取的。比如说华佗在治疗寄生虫病用过的蒜汁调醋疗法，就来自于民间。长期和药材打交道，华佗的抓药技巧也堪称一绝，可以做到"心识分铢，不假称量"。

华佗一生行医问药，关心百姓疾苦，出诊前从来都不讲条件，不管是白天还是黑夜，不论是酷暑还是严寒，从来都是随请随到。一生中曾经有很多发大财的机会，都被他拒绝了。在他看来，解救百姓才是他最大的乐趣，他不贪求荣华富贵，也不图功名利禄，宁愿一辈子清苦平淡。公元196年，曹操统一了中国北部，势力越来越强大，成为北方的最高统治者。就是这样一方霸主，长时间的操劳，再加上没有时间调理，患上了头风眩，每次发作的时候都会头昏眼花，痛苦难耐，多年寻医问药，都不见疗效。曹操听闻华佗的医术很高，就派人不远千里来请华佗为他看病，令他感觉惊讶的是，这顽疾竟然被华佗几根针就轻松搞定了，曹操很是高兴。心想："如果再发作，我该怎么办？不如把他留在自己的身边，这样就万事大吉了。"他自私地将华佗留在了身边，只为他一个人看病。就这样，日复一日，年复一年，华佗觉得烦了，他在民间行医问药这么多年，突然只为一个人看病，还将他困在这深墙大院中，日子久了，思乡之情也慢慢浓烈起来，再想到家中妻儿无人照料，华佗心中苦闷极了。华佗打着"求药取方"的幌子，请求曹操可以让他回一次家，曹操答应了。

回到家中，华佗百感交集，他回家之后就再不想回那个牢笼。一个月很快就过去了，华佗便假借妻子患病，写了一封信请求曹操可以准予续假。此后他又写了好多次请求续假的信，曹操见事情不妙，要他立刻回许城，并威胁华佗如果再不回来，就只能一死，下令将他入狱。

华佗生性刚烈，秉性倔强，不向权势低头，不为威武所屈。遇到曹操这样蛮横、自私的人，更是不听从曹操的劝告，不遵从曹操的意愿。这一点让曹操大怒，想要杀死华佗，虽有人极力劝阻，但曹操根本就不听别人的一再劝谏，在公元208年，下令处死了华佗，一代名医就此陨落。华佗没有留下任何巨著，他的许多伟大的发明也从此失传，这是我国医学史上的一大损失。

华佗作为一代名医，人们在心里怀念和称颂他。现今的安徽亳州市也就是华佗原来住的地方修建了华庄和华祖庙，在江苏省徐州市建有华祖庙和华佗墓，还有墓碑、石供桌和石兽等，现在华佗的坟冢和华祖庙等建筑都完好无损，可以看出华佗在人们心目中的地位无人可以取代。

## 张仲景：博览全书的医圣

> 人物名片

张仲景（约150—219），名机，字仲景，南阳涅阳县（今河南南阳）人，东汉末年著名的医学家，被后人尊称为"医圣"。张仲景广泛收集医方，写出了传世巨著《伤寒杂病论》。它确立的"辨证论治"原则，是中医临床的基本原则，是中医的灵魂所在。

### 人物风云

张仲景出生在一个官僚家庭中，但是当他出生的时候，已经逐渐走向了没落，他的父亲张宗汉曾经在朝中为官。因为家中环境特殊，张仲景从小能够读到很多的珍贵典籍。他在史料中看到了扁鹊的故事，所以从那个时候起，他就萌生了做一名医生的念头。汉灵帝时期，还曾被举荐为孝廉，做了长沙太守一职。张仲景的一生，严谨遵从故人的训示，满腹才学，将前人的智慧集于一身，铸就了这本传世之作《伤寒杂病论》，对我国医学的发展起了很大的推动作用。

张仲景很小的时候就特别喜欢医学类的书籍，在他十岁的时候，就已经浏览了很多关于医学的书了。他的好友对他十分的赞赏，曾经这么说过："一个人，一心只勤于思考上，而且在思考问题的时候比较全面谨慎，能够抓住要点，思考之人一直保持着不张扬、不聒噪的性格，从这里可以看出，张仲景以后一定是一个医术高超的好医生"。果不其然，后来张仲景成了一代名医，后人尊称他为"医圣"。当然，这和他的勤学苦思有着极大的关系，但是最主要的原因还是因为他喜欢医学，能够研究故人的训示，取其精华去其糟粕。

张仲景所处的社会环境正是一个动荡不安的年代，经过几年的战乱，民不聊生，百姓流离失所，很多的农田成了荒地，食不果腹，衣不避寒。很多的地方甚至已经爆发了瘟疫，死伤无数。特别是在洛阳、南阳一带，每一家都有得瘟疫之人，每天都能够听到痛哭哀嚎的声音，张仲景看到这样凄惨的景象，心中感伤不已。

这个时期，东汉王朝已经分崩离析，张仲景有家不能回，有官也不好做。于是他便选择了一处比较安静的地方，过上了隐居的生活，一心一意研究自己的医学专著，编撰医书。到了建安十五年的时候，《伤寒杂病论》问世了，后人将这本书称之为"方书之祖"，而张仲景也被赞誉为"经方大师"。

从公元196年开始，十年的时间，有一多半的人都是死在了传染病上，而其中伤寒病所占的比例最大，约有百分之七十。在张仲景的著作中有这么一句话，意思也就是说，想到昔日的惨状心中颇有感慨，而自己对此却是无能为力，心中也不免伤心。从那个时候起，张仲景就努力专研医学，想要拯救万民于痛苦之中。无论是君王还是平民百姓，都一视同仁，给他们最好的治疗，能够使身体健康，长寿安乐。从魏晋流传至今，总共有一千六百多年的历史了，它占据了我国医学史上一个很重要的位置，是医学上的传奇之作。

当时，张仲景的家族中也有一个比较知名的医生，名为张伯祖，张仲景为了更好地专研医术，就去拜了张伯祖为老师。张伯祖观察到张仲景不但聪明努力，而且能吃苦，有毅力，所以也将自己的毕生所学毫不保留地传授给了他，而张仲景更是青出于蓝胜于蓝。他的医术传自于伯祖，而又高于伯祖。

张仲景并不喜欢官场上的尔虞我诈，也不喜欢踏上仕途之路，但是没有办法，他的父亲曾经在朝中为官，对于仕途之路还是比较看重的。公元168年，汉灵帝在位时，张仲景被举荐为孝廉。

公元196年，张仲景又做了长安的太守。他并没有放弃自己的梦想，在他做官的过程中，他还帮助百姓看病。但是，古时候的礼制非常严格，官员们不能随便进入百姓的家中，但是不和百姓接触，医术也就毫无用武之地。对于这个难题，张仲景想出了一个两全其美的方法，那就是每个月总有那么一天固定的时间，不问案情，只管病情。而且他还让自己的手下贴出了告示，让全城的百姓都知道这一消息。

在那样的社会中，张仲景的做法无疑是一个异类，引起了不小的轰动，百姓们感激张仲景的清廉爱民，对他更是爱戴。时间一长，不用再提醒什么，只要到了日子，府衙门口就会有很多看病的老百姓，甚至还有一些慕名而来的人，因此人们还送了一个绰号为"坐堂医生"，来表达对张仲景的爱戴之情。

张仲景所提出的"辨证论治"的原则，是我国医学史上不可磨灭的珍珠，其所确定的六经辨证的治疗原则，受到历代医学家的推崇。这是中国第一部从理论到实践、确立辨证论治法则的医学专著，是中国医学史上影响最大的著作之一，是后学者研习中医必背的经典著作，广泛受到医学生和临床大夫的重视。在隋唐年代的时候，张仲景的著作就已经在海内外流传了，深受医学家们的追捧和赞誉。《伤寒杂病论》一书，经过专业人士的整理和翻译，出版《伤寒杂病论》的已经达到了一千七百多家，这可是非常罕见的现象。张仲景是我国古代史上最有名的医学专家之一，他的学说给后世的医学人员带来了很大的帮助，它是医学界中的瑰宝，是中华人民生存发展的伟大力量，直到现在，依然有着无可替代的重要位置。

张仲景从写书到去世之前，都在不间断的研究医学，因为战乱绵绵，在公元 285 年，张仲景的遗体才得以被送回自己的家乡安葬，并且还在南阳为张仲景修建了医圣祠。直到今天还发挥着很重要的作用。

《伤寒杂病论》奠定了张仲景在中医史上的重要地位，并且随着时间的推移，这部专著的科学价值越来越显露出来，成为后世从医者人人必读的重要医籍。张仲景也因对医学的杰出贡献被后人称为"医圣"。后该书流传海外，亦颇受国外医学界推崇，成为研读的重要典籍。据不完全统计，由晋代至今，整理、注释、研究《伤寒杂病论》的中外学者记逾千家。邻国日本自康平年间（相当于我国宋朝）以来，研究《伤寒论》的学者也有近二百家。此外，朝鲜、越南、印尼、新加坡、蒙古等国的医学发展也都不同程度地受到其影响及推动。《伤寒论》和《金匮要略》仍是我国中医院校开设的主要基础课程之一。

## 董奉：誉满杏林的医者

### 人物名片

董奉（220—280），字君异，侯官县董墘村（今福州市长乐区古槐镇龙田村）人。董奉少年学医，医术高明，董奉同南阳张机与谯郡华佗齐名，三人合称为"建安三神医"。当时，交州刺史吴士燮危在旦夕，传召董奉前来诊治，董奉将三枚药丸送入口中，之后用水送服，命人捧、摇他的头部，因为抢救及时，不久之后吴士燮便痊愈了。董氏的医德甚是高尚，对于那些他治愈的患者，只需要在他的住宅四周种植杏树，作为对自己的报答。所以世人以"杏林春暖""誉满杏林"等赞美医术高尚的医学大师。

## 人物风云

董奉，东汉建安时远近闻名的医生，又叫作董平，字君异，号拔墘。董奉自小学习医术，信奉道教。年轻时，曾经担任侯官县小吏，这份工作他并不感兴趣，不久归隐山林，在他家村后的一座山林中，一边练功，一边行医。董奉的医术非常高明，而且医德高尚，每一次治病都不收取任何财物，只要重病愈者在山林中栽种五株杏苗就可以了，而那些轻病愈者可以栽种一株。数年之后，这里俨然成了一片杏林，郁郁葱葱。等到杏子成熟的时候，董奉就会在杏林里建一个仓房储杏。对于那些想买杏子的人，便可以用粮食交换。董奉将得来的粮食拿去赈济贫民，或者给那些出门远行的游子作为盘缠。后来，世人称颂医家为"杏林春暖"，盖源于此。

董奉也会远行到南方一带行医，只要是董奉到过的地方除了给患者治病之外，还会赈济平民百姓，因此百姓对于董奉都非常爱戴，与此同时，董奉游览名山大川，采集一些野生植物炼成丹药帮助患者治病。有一次，董奉途径交州，碰巧遇到了当时的交州太守杜燮病危，久治不愈，寻医无效，在请脉之后，董奉将三粒药丸放入他的口中，之后用水冲下。没过多久，病人的手足都有了知觉，微微颤动，肤色逐渐转活，不到半日就可以坐起来了，四日后就可以说话，没过几天时间，大病痊愈了。为了治病，董奉长时间住在杜燮的府中，后来杜燮阴谋造反，背叛朝廷，害怕董奉泄漏了自己的密谋，于是便想要加害他。董奉利用气功装死，将杜燮骗过后逃走了。

还有一次，县令的女儿被鬼附身，求医无效，无奈之下，便找到了董奉，请求医治，而且县令还说若是治好了自己的女儿的病就将其嫁与董奉为妻。董奉欣然答应了，便施行法术，召来了一条几丈长的白色鳄鱼，鳄鱼爬到了县令家门口，董奉让仆人将鳄鱼杀死了，县令女儿的怪病没过几天便好了。于是，董奉便将县令的女儿迎娶进门，但是几年过去了董奉的膝下仍没有一儿半女。董奉又时常外出，将自己的妻子一人留在家里面，妻子感到非常的孤单，于是便领养了一个小女孩。当女孩十几岁的时候，有一天董奉忽然腾空，一直升到云间成了一位仙人。只留下妻子和养女在家里居住，依靠卖杏来维持生活，若是有人敢来欺骗她们母女，便会有一只老虎出来保护他们。董奉的寿命高达三百岁，但是他的容貌却像是三十岁的人。

有人说，还是青年时候的董奉就离开了福建去庐山学习道术，而且经常为民除害。因为江西多江河溪涧，附近经常会有巨蟒出现，对人畜的危害很大，而董奉总会想尽办法给老百姓除掉这些祸害。

董奉的医术高明，而且乐善好施、不求名利，医德为人们世代流传，成为一段千古佳话。世人将他与谯郡华佗和南阳张仲景合称为"建安三神医"。经常用"杏林春暖"、"誉满杏林"等成语来称赞那些医术高尚的医学大家，称呼中医为"杏林"。董奉去世之后，百姓为了纪念他，在庐山修建了一间董奉馆，在长乐附近有一座山叫做董奉山，福州境内的茶亭街的河边有一座明朝的救生堂，这些都是为了纪念董奉而修建的。

现在，董奉的家乡，也就是古槐镇龙田村和雁堂村交界的地方，修筑了一座颇具规模的董奉草堂。草堂的占地在二十亩左右，其风格效仿的是后汉三国时代，在它的周围植满了杏树，不禁让我们感受到了"杏林春暖"这句千古佳话所蕴含的意味。